中学生の質問箱

性の多様性ってなんだろう?

渡辺大輔

平凡社

私たちの生きる社会はとても複雑で、よくわからないことだらけです。困った問題もたくさん抱えています。普通に暮らすのもなかなかタイヘンです。なんかおかしい、と考える人も増えてきました。

そんな社会を生きるとき、必要なのは、「疑問に思うこと」、「知ること」、「考えること」ではないでしょうか。裸の王様を見て、最初に「おかしい」と言ったのは大人ではありませんでした。中学生のみなさんには、ふと感じる素朴な疑問を大切にしてほしい。そうすれば、社会の見え方がちがってくるかもしれません。

中学生の質問箱

性の多様性ってなんだろう？

もくじ

第2章 誰かを「好き」になるってどういうこと？ 89

第3章 社会のなかでどう生きていきたい？ 143

はじめに

ねぇねぇ、いま好きな人いる?
どんな人が好き?
今まで好きな人に告《こく》ったことある?
あの人にカレシ/カノジョいるのかな?
あの人はどんな人が好きなんだろう?
告ってダメだったら怖いし。
ねぇ、どうしたらいいと思う?

中学生のみなさんは、こんな恋バナ(恋愛に関する話)をしたことありますか? もしくは興味ありますか? たぶん多くの人が「はい」と答えてくれたかもしれませんね。なかには、「いいえ」と答えた人もいるでしょう。または、興味はあるけど、みんなとは話が合《あ》わないな、とか、自分の話はしたくないから、話を振《ふ》らないでほしいって思った人もいますよね。

A：俺《おれ》、隣《となり》のクラスの美咲《みさき》さんが好きって言ったじゃん。で、お前は？
B：え？　俺？　俺は……浩司《こうじ》。
A：マジか。確かにあいつカッコイイもんな。告ったの？
B：告るなんてできねーよ。お前は美咲さんに告ったの？
A：そんなのできねーよ。
B：だよなー。
A：だよなー。
B：このこと浩司に言うなよ。
A：俺のことも美咲さんに言うなよ。
B：片想い、切ねぇ〜。
A：切ねぇ〜。

こんなふうに親友と話してみたいけど、無理だよなって思っている人もいるかもしれませんね。もしくは、今この会話を読んでみて、どういうこと？　どういうこと？？　って頭が混乱してしまった人もいるでしょうか？　無理だと思ってしまったのはなぜ？　混乱してしまったのはなぜ？　そこにはどんな思い込みや社会の問題があるのでしょうか。

「あー、それってテレビで観る『オネエ』の人と同じことでしょ？」って思った人もいるかもしれませんが、「オネエタレント」さんには、トランスジェンダーの人とゲイの人などが混在《こんざい》しています。「トランスジェンダー？　ゲイ？？　混在？？？」と、また頭が混乱してしまった人もいるかもしれませんね。

ちなみに、あなたはどんな名称《めいしょう》のセクシュアリティにくくられますか？　この質問に対しても、ハテナがいっぱい浮かんでたり、「自分はフツーだし」と思った人もいるでしょう。それに対して、「フツーってなんだ？」「フツーって言うな！」と思った人もいますよね。

この本は、単に私がそのような疑問や思いに答えて／応えていくのではなく、私の言葉をヒントに、みなさんが自分自身の性（ジェンダーやセクシュアリティ）について、他者との関係性、社会のあり方について考えていけるようにつくりました。

あなた自身も「性の多様性《たようせい》」のなかのひとりです。広大な「性」の地図を一緒に描《か》き直してみましょう。

第1章

多様な「性」ってなんだろう？

1 「性」を考える5つの側面

今日は私から質問してみましょう。あなたの性はなんですか？

——私は女。

——男だけど。え？　その2種類以外ないでしょ？

今、みなさんの多くは「女」「男」のいずれかで答えましたよね。では、そう答えた根《こん》拠《きょ》はなんでしょう。「自分は女／男の体を持っているから」という理由の人もいれば、体は関係なく、自分がそう思っているからそうなんだ、という理由の人もいるでしょう。実は私たちの「性」は、とても複雑《ふくざつ》なんです。ここでは、複雑な性をわかりやすく理解するために、私たちの性を、５つの側面《そくめん》から考えてみましょう。

1つめは「性自認《じにん》」というものです。今私が質問したように、「あなたの性はなんですか?」と聞かれたときに、ぱっと頭に浮かんだ答え。それが性自認です。

――女の私が、自分で自分を「女」だと思う、ってこと? 普通《ふつう》のことに思えるんだけど。

ところが、それは「普通」ではないんです。「私は女です」「私は男です」と思っている人もいれば、「よくわからない」という人もいるんですよ。「女ではないけれど、男かと訊《き》かれたらそれも違う」という人、「どっちかになんて決めたくない」という人もいます。

アイデンティティ(identity)という言葉を聞いたことがあるかな? 過去、現在、未来を通して、さらにはさまざまな場で、自分とは何者なのか、何に属《ぞく》する存在なのか、他者とは異《こと》なる自分という存在の性質とは何か、といった「自分」についての意識をアイデンティティといいます。特に性別に関するものを英語ではジェンダー・アイデンティティ(gender identity)といい、日本語では性同一性《どういつせい》という言葉で表現したりします。また、自分で認識する性という意味で、「性自認」といったり、「思う」ものなので「心の性」なんていうこともあります。これは心に性別があるということではないですよ。

——「男」「女」のくくり以外で、自分の性をとらえている人がいるってこと？　知らなかった。

多くの人は「女」「男」というくくりでとらえているので、それが「普通」だと考えてしまいがちですよね。でも、そうではないとらえ方も、その人にとっては「普通」のことですよね。つまり、いろいろな性自認の持ち方があるということが「普通」ということなんです。

——なるほど。

多くの人が性自認の根拠として考えがちな「体の性」も、実は複雑なんです。この「体の性」が、性を構成する2つめの要素。

——でも、体の特徴《とくちょう》だから男か女かなんて一目でわかるんじゃない？

ところが、そう簡単な話でもないんです。なぜなら「性」に関わる体の器官は女性の場合はヴァギナ、男性の場合はペニスといった外性器《がいせいき》だけではなく、子宮や前立腺《ぜんりつせん》といった内性器《ないせいき》、卵巣《らんそう》や精巣《せいそう》といった性腺《せいせん》、そこから出る性ホルモン、それを受け止める受容体《じゅようたい》（ホルモンなどの刺激《しげき》を受け取り、それらが持つ情報を変換して、細胞などに伝達する物質。レセプター）、X染色体《せんしょくたい》やY染色体といった性染色体、SRY遺伝子《いでんし》といった性に関わる遺伝子など、多くの要素が複雑に関係していて、今挙《あ》げたもののなかにも、いろいろな組み合わせがあるんですよ。

――あ、性染色体は、女性はXXの組み合わせで、男性はXYの組み合わせだって聞いたことがある！

性染色体の組み合わせもいろいろあるんです。多くの女性はXX、男性はXYで、なかにはXXYやXYYを持つ男性、XXXやXYを持つ女性など、バリエーションも豊かです。ところで、みなさんは、自分の性染色体を見たことはありますか？

――えー！　あるわけないよ。

そう、ほとんどの人はないですよね。私たちって、自分の体の性のことを知っているようで、実はよく知らないんです。多くの人は女性ならみんな同じ体、男性ならみんな同じ体だと思っているかもしれないけれど、現実には、女の人にも、男の人にもいろいろな体のかたちがあるんです。わかりやすい外性器にしても、ペニスが大きい人もいれば、小さい人もいるし、長さやかたちもいろいろ。ヴァギナの大きい人もいれば、小さい人もいる。顔がみんな違うように、外性器も人それぞれなんですね。

――確かにそうかも。

性ホルモンという言葉は聞いたことはありますか？

――男性ホルモンとか、女性ホルモンとか。

そうです。性器は、いろんな性ホルモンの影響を受けてつくられていくものなんです。性染色体の組み合わせがどうなるかというのは、卵子と精子が合体する受精《じゅせい》の瞬間《しゅんかん》に決まるんですが、お腹のなかで赤ちゃんが育つ過程《かてい》で、性ホルモンやその受容体などの働きで性がかたちづくられていきます。
ところでみなさんは、女性ホルモン＝女性だけのもの、男性ホルモン＝男性だけのもの、と思っていませんか？

――え、そうでしょ？

実は違うんです。ひとりの体内で男性ホルモン（アンドロゲン）と女性ホルモン（エストロゲン）の両方がつくられているんです。アンドロゲンは男性の体で、エストロゲンは女性の体で多く出るので、それを「男性ホルモン」「女性ホルモン」って呼んでいるだけなんですね。こうやって、一人ひとりの体のなかで、ホルモンの分泌《ぶんぴつ》される量やバランス、それらを受け止める機能の組み合わせが違っていて、個人差も大きいんです。

――だから体の性も、いろいろあるんだ。

そう、男の人でも女の人でも、さまざまなバリエーションがあって、とても複雑なものなんです。

では3つめについてお話ししましょう。「性表現」という言葉は聞いたことがありますか？

——初めて聞いた。性を表現する？ どういうことだろう。

簡単に言えば、世のなかでよく言われる「女らしさ」「男らしさ」です。みなさんが日常のなかで表現しているものが、この社会のなかで、どのような「女らしさ」「男らしさ」の枠組《わくぐ》みで見られているのか、または自分自身がどういった枠組みで見ているのか、ということです。みなさんが意識的に「女を表現しよう」とか「男を表現しよう」と思って行動していることは少ないかもしれませんが、髪型、ファッション、身につけるものや持ち物でも、世のなかには「男っぽい」とされるものと、「女っぽい」とされるものがありますよね。英語では体の性別のことをセックス（sex）といいますが、「女らしさ」や「男らしさ」といった社会や文化のなかで意識される、性に関する社会的規範《きはん》をジェンダー（gender）といったりします。特に「表現」を重視する場合は、ジェンダー・エクスプレッション（gender expression）、「性別役割」はジェンダー・ロール（gender role）といった言葉を使うこともあります。

――たとえば、髪が長いと女性らしい、とか？

髪型もそうですね。でもそれも、髪が長い＝女性ということではないですよね。髪が長い男性が「カッコイイ」とされる時代や文化もありますよね。

では、それ以外に、みなさんが思う「女らしさ」「男らしさ」を19ページに書き出してみてください。どんなものがありましたか？

――えぇっと、「女らしさ」は「ピンクのもの」とか「料理が得意」とか。「男らしさ」は「青いもの」とか「力が強くて頼りがいがある」とか「リーダーシップがある」とか。「女子は国語や美術が得意」で「男子は理科や数学が得意」とかもあるね。

そういったことも「性表現」としてくくってみましょう。つまり、自分が表現しているものが、社会的に「女らしさ」に当てはまるものなのか、「男らしさ」に当てはまるものなのか、それとも、そういった「らしさ」にはくくれないものなのかということですね。

昔は、男の体で生まれたら男らしさが、女の体で生まれたら女らしさが自然に身につくはずだ、と思われていました。だから、「男らしくない」男性や「女らしくない」女性はおかしいと考えられていたんです。つまり、その「らしさ」が社会的な規範として使われていたんです。

でも、自分の性に関係してくる表現が社会の規範に沿《そ》っている場合もあれば、沿っていない部分もある。みんなもそうでしょう？　さっきみなさんが考えてくれた「女らしさ」「男らしさ」に、全員きっちり当てはまる？

——えー、ありえないよ。だって、ぼくは男……さっき習った言葉を使うと、性自認と体の性は男。青は好きだけど力には自信ないし。国語も理科も得意だし料理も得意だけど、片づけは苦手。

——うちのクラスは女子が学級委員長ですごく運動神経いいよ。校長先生も女の人だし。

みんな「らしさ」にくくりきれない個性的な存在ですよね。それが当たり前なんです。

「男らしさ」「女らしさ」を書き出してみよう！

男らしさ	女らしさ

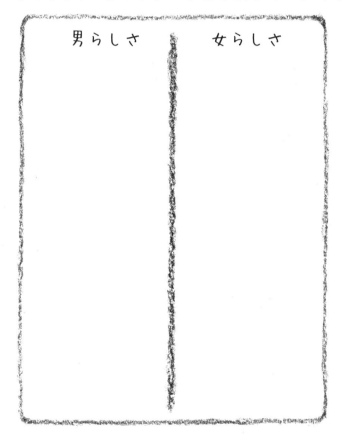

国や地域、文化によってもその枠組み、何をもって男らしいとするのか、女らしいとするのかは違うし、時代によって変化していく部分がたくさんあります。

――何が「女らしさ」「男らしさ」なのかは決まっていないんだ。

そういうことです。たとえば日本ではスカートは女性が穿《は》くものとされていますが、スコットランドのように民族衣装で男性がスカートそっくりなキルトを穿く文化もあります。日本だって男性が着物や袴《はかま》といったズボンではない服を着用していた時代がありました。今でも着ることがありますよね。一時期、原宿ファッションとして男性のスカート姿も流行《はや》りました。他にも、子育てはどうかな？　昔は女性の仕事とされていましたが、今は男性も女性も平等に育てていこう、という風潮《ふうちょう》に変わってきています。

同じ時代、同じ国で生まれ育っても、人によって何を「女らしさ」「男らしさ」と感じるかは違います。さっき、みんなに「らしさ」を挙げてもらったときに、友だちが言った「男らしさ」に、「それも男らしさに入るの？」と思ったものもきっとありましたよね。だから、「女らしさ」や「男らしさ」は体の性では決まらないし、そもそも「らしさ」という決まった枠はないということなんです。みんなも「らしさ」にとらわれずに、自分の好きな表現ができるようになるといいですよね。

――うん。ぼくはよく「男らしくない」って言われて、すごく腹が立ってた。男でもかわいいものが好きだっていいじゃん！って。

次は性を考える4つめの側面、「性的指向《しこう》」についてお話ししましょう。これは簡単に言うと、恋愛感情や性的な欲望《よくぼう》が、どの性別に向いているのかということ。男性が好きなのか、女性が好きなのか、それとも女性も男性も恋愛対象になるのか、「性別は関係ない。たくさんいる人間のなかでこの人が好き！」という人もいれば、誰《だれ》にも恋愛感情を持たない人など、さまざまな性的指向の人がいます。

英語ではセクシュアル・オリエンテーション（sexual orientation）といいます。恋愛感情や性的欲望の方向性ということなので、「好きになる性」と呼ぶこともあります。

――へー、誰にも恋愛感情を持たない人もいるんだ？

いますよ。だからといって、人としておかしいということではないですよ。それも人としての性的指向のあり方のひとつなんです。

そして性を考える最後の側面は「制度の性」です。これは、日本の場合は戸籍《こせき》ですね。日本の法律では、性別は「女」「男」の2種類です。これはほとんどが生まれたときの体の性別で判断されます。実は日本の戸籍には「性別欄《らん》」がないんです。

――え⁉ どういうこと⁉ 何欄なの⁉

「長女」「二男」といった「続柄《つづきがら》」欄なんです。私の戸籍には「長男」と書かれています。

――そうなんだ！

男女別に生まれた順番で記載するんです。でも、なんで性別と生まれた順番をくっつけて書くんでしょうね。もう昔のように「家のなかでは男性がえらい」という家父長制《かふちょう》（家族における権力を、最年長の男性が持つ家族形態）の時代ではないんだから、生まれた順番と性別を分けて、「第1子」「第2子」……と、「女」「男」などと書けばいいのにね。

さて、ここまで「性自認」「体の性」「性表現」「性的指向」、そして「制度の性」。これ

「性」を構成する5つの側面

性自認

自分が自分の性別を何と考えているか。「心の性」「ジェンダー・アイデンティティ」（性同一性）ともいう。

体の性

どんなかたちや見た目の体をしているかといった身体的な特徴。

性表現

社会の中で「男らしさ」「女らしさ」とされているもの。どの表現が「男らしい」「女らしい」とされるかは、時代や社会によって異なる。そういった社会的文化的な性を「ジェンダー」ともいう。表現を重視した「ジェンダー・エクスプレッション」、性別役割をさす「ジェンダー・ロール」という言葉もある。

性的指向

恋愛感情や性的な欲望が、どの性別に向かっているか。「好きになる性」「セクシュアル・オリエンテーション」ともいう。

制度の性

法律上、規定される性。日本では戸籍に父母との関係を表す続柄として規定される。

「性的指向」「性自認」「性表現」の英語の頭文字を並べて「SOGIE」（ソジー／ソギー）ということもある。みんなで私たちのSOGIEの多様性について語ろう。

ら5つの側面から私たちの「性」を見てきましたが、どんなふうに感じましたか?

――思っていたよりずっと複雑でびっくり。性って「体」のことだけじゃないんだね。

性別＝体、もっと言えば外性器でしか判断していなかった、という人がほとんどだったんじゃないでしょうか。でも人間の性はすごく複雑で、いろいろな組み合わせが考えられます。そういった性の多様性《たようせい》を表したのが25ページの樹形図《じゅけいず》です。この図は、5つの側面のなかで、性自認（心の性）、体の性、性的指向（好きになる性）の3つだけの組み合わせを大まかに表したものです。さて、全部で何パターンに分かれているでしょう?

――えーっと、1、2、3、4、5……。

端から数えていますか? 計算でも出ますよ（笑）。性自認を大まかに3通りに分け、体の性を2通りに、性的指向を4通りに分けたときの組み合わせだから……。

――3×2×4で24通りだ!

〈性の樹形図〉

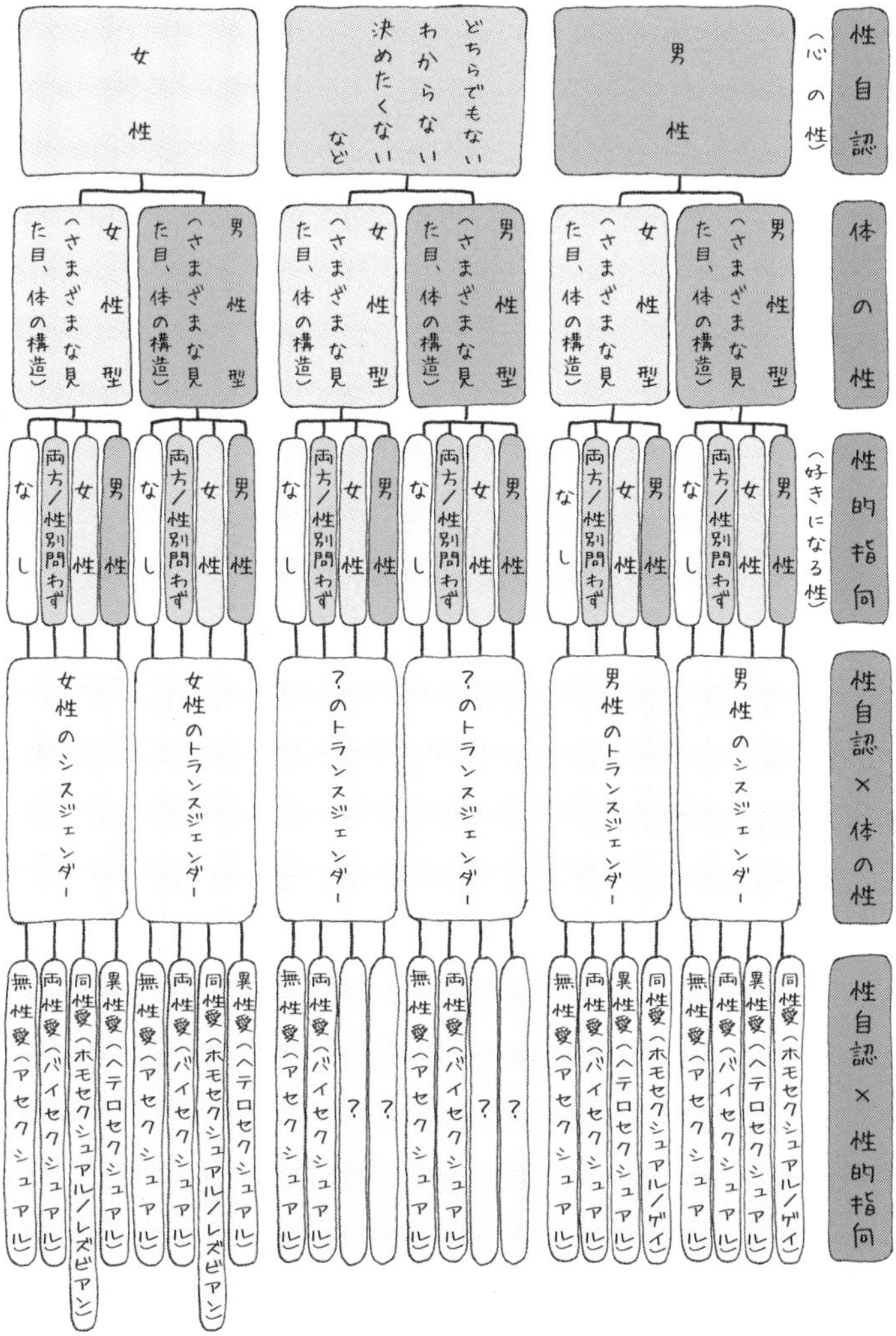
性自認
（心の性）
女性
どちらでもない
わからない
決めたくない
など
男性
体の性
女性型（さまざまな見た目、体の構造）
男性型（さまざまな見た目、体の構造）
性的指向
（好きになる性）
なし
両方／性別問わず
女性
男性
性自認×体の性
女性のシスジェンダー
女性のトランスジェンダー
？のトランスジェンダー
男性のトランスジェンダー
男性のシスジェンダー
性自認×性的指向
無性愛（アセクシュアル）
両性愛（バイセクシュアル）
同性愛（ホモセクシュアル／レズビアン）
異性愛（ヘテロセクシュアル）
？
同性愛（ホモセクシュアル／ゲイ）

その通り！

――人間の性ってそんなにあるんだね。

性自認のあり方をさらに細かく分けたり、性表現や制度の性も加えたりしたら、もっと複雑な図が描けますよ。だから、この図が人間の性のあり方のすべてではないんです。
では、あなたの場合はこの図のどこに当てはまりますか？　そこにはどんな名前がついていますか？　他の人に見られたくない場合もあると思うので、頭のなかで考えてくれればいいですよ。

――ええっと、私は性自認が「女」で、体の性も多分「女」。で、好きになる性は「男」だから、「女性のシスジェンダーで異性愛《いせいあい》（ヘテロセクシュアル）」って名前がついてる。でもシスジェンダーって何？　初めて聞いた。

――ぼくは、異性愛（ヘテロセクシュアル）っていう言葉も初めてかも。同性愛《どうせいあい》は

聞いたことがあるけど。他にも、無性愛《むせいあい》とか知らない言葉がいっぱいある……。

知っている言葉と知らない言葉がありますよね。ひとつずつ説明していきますね。

まず、シスジェンダー（cisgender）は、生まれたときの体の性に違和感《いわかん》がなくて、性自認と体の性別や戸籍の性別が一致《いっち》している人のことです。

一方で、生まれたときの体の性に違和感がある人、性自認に合わせて生活をしたいと思って、生まれたときの体の性別や戸籍の性別とは異なる性別で生きたい／生きる人をトランスジェンダー（transgender）といいます。

――それって「性同一性障害《せいどういつせいしょうがい》」のこと？

よく知ってますね。必ずしも「トランスジェンダー＝性同一性障害」ということではありませんが、体の性に違和感があるトランスジェンダーの人で、体の手術などの医学的な支援《しえん》を受けたい場合に、医師から診断《しんだん》される名称《めいしょう》を「性同一性障害」というんです。トランスジェンダーのすべての人が「性同一性障害」の診断名を必要としているわけではない。そこにもいろいろな人がいて、それぞれの生き方への要望があるんですね。

そういった「自分の性自認に合わせて生きていきたい」という人は、日本では２００４年に施行《しこう》された「性同一性障害者の性別の取り扱いの特例に関する法律」（性同一性障害特《とく》例法《れいほう》）に則《のっと》って、いくつかの条件をクリアすれば、戸籍の性別を変更することができるようになっています。ただし、変更することができたとしても、「女」か「男」の二択《にたく》なので、「どちらでもないような気がする」といった人には、まだちょっと窮屈《きゅうくつ》な制度ですね。ちなみに国連の一機関である世界保健機関（ＷＨＯ）は２０１８年に疾病《しっぺい》分類の「障害」の枠組みから外したんだよ。日本でも近いうちに「障害」と言われなくなるよ。

ところで、みんなの多くはシスジェンダーの人だと思うんだけど、さっき、「シスジェンダーって何？」って聞いていましたね。なぜ多くのシスジェンダーの人は、自分にシスジェンダーっていう名前があることを知らないんだろう？　今までみんなは、体の性に違和感がないこと、心の性と体の性が一致することをどう言っていましたか？

——え？　どういうこと？　そんなの、何も言わなかったし。……「普通」？

そう、「普通」って言ってきましたよね。私たちの社会は、「普通」だと思っているものには名前をつけずに、「普通じゃない」と思っているものには特別な名前をつけることが多いんですよね。それってなんだか不公平じゃない？

——考えたこともなかったけど、そうだよね。

では次に、「異性愛」「同性愛」などについてお話ししましょう。

自分の性自認に対して性的指向が異性に向いている、つまり恋愛感情や性的欲望の矢印が自分にとって異性に向いていることを異性愛（ヘテロセクシュアル）といいます。一方で、性自認に対して、性的指向が同性に向く場合を同性愛（ホモセクシュアル）といいます。特に、性自認が女である自分にとって同性である女性を好きになる場合はレズビアン、性自認が男である自分にとって同性である男性を好きになる場合はゲイといいます。

でも、それだけじゃないんですよ。女性も男性も、どちらも恋愛対象になりますという人もいます。そういう場合は、両性愛《りょうせいあい》（バイセクシュアル）といいます。

また、女性や男性といった性別や、シスジェンダーやトランスジェンダーなどの枠組みを前提として恋愛対象を考えてないため、「私はこの人が好き」とだけいいたいという場合、樹形図にあるような両性愛という言葉では言い表せないので、全性愛《ぜんせいあい》（パンセクシュアル）という名前を使う人もいます。

さらに、誰にも恋愛感情を持ちません、という人もいて、「無性愛（アセクシュアル、Aセクシュアル）」といいます。交際はするけれどセックスに関心はない人や、交際するということにも関心がない人など、アセクシュアルのなかにもいろいろな人がいて、別のカテゴリーの名前を使う人もいますよ。

――なんだかいっぱい名前が出てきてよくわからなくなってきた。

それぐらい人間の性は複雑なんだ、ということですね。

ところで、さっき「同性愛」という言葉は知っているけど、「異性愛」という言葉は初めて聞いたという人がいましたね。たぶんみなさんの多くは異性愛の人だと思うんですが、自分にとって異性を好きになることを、これまで、どう言ってきた？

――あ……普通。

そうですよね。でも本当にそれが「普通」なのかな。

――だって、人数が多いじゃん。

そうですね。人数が多いと、私たちはそれを「普通」って言っちゃいますよね。でも、さっきの樹形図をもう一度よく見てみましょう。みんなが「普通」と考えているパターンは何通りありますか？

――……あれ、2通りだけ？

そうなんです。「女性のシスジェンダーで異性愛」「男性のシスジェンダーで異性愛」の2通りだけなんですね。24パターンもあるなかの、たったの2パターンだけなので、むしろ少数派とも言えるかもしれませんが、多くの人はこれを「普通」と言ってしまう。けれど、この樹形図にあるように、シスジェンダーや異性愛も含めて、人間の性はひとくくりにはできなくて、多様だということです。シスジェンダーかつ異性愛という性のあり方は、その多様ななかのひとつということなんですね。

――なるほど。じゃあ、すべての人が、この24パターンのどれかに当てはまるって

ことなのかな？

いい質問ですね。この樹形図が表しているのは、ほんの一例にすぎません。だから、これに当てはまらない人もいるんですよ。世のなかの複雑な性のあり方をすごく簡単に描いたこんな図に自分自身を当てはめたくない、という人もいるでしょう。人生で、自分の性のあり方が揺《ゆ》れたり、変化したりする人もいると思います。そういった動きもこの樹形図では描けないですよね。

樹形図のカテゴリー名をすべて覚える必要はありません。でも、性にはさまざまなかたちがあって、すべての性のあり方は対等・平等であること、どれかが「普通」でどれかは「普通じゃない」ということではないんだ、ということを覚えておいてください。

ではここで、復習として、ひとつ質問です。トランスジェンダーと同性愛の違いを説明できますか？

――あ、そうか。今までトランスジェンダーと同性愛を同じものだって考えてた。でも、さっきの樹形図を見て、別の話だってことは、なんとなくわかってきたかも。心の性と体についてのことがシスジェンダーとトランスジェンダーということで、心

の性と好きになる人の性についてのことが異性愛や同性愛ってことなんだ。

そう。まったく別の話なんです。トランスジェンダーの人は、自分の体の性からみて同性である人が好きだから、自分の性別を変えたい、ということではない。多くの人にとって、もっとも尊重してほしいのは自分が男性か女性かという性自認。性自認からみて体の性に違和感があるから、必要な人は性自認に体の性を合わせる「性別適合《てきごう》手術」などを受けて、自分の性で生きる。それがトランスジェンダーであって、好きになる性はここではまったく関係ないんです。一方で、異性愛か同性愛かというのは、性自認と好きになる相手の性別との関係だから、体の性はまったく関係ない。だから、さっきの樹形図でいえば、トランスジェンダーかつ同性愛という組み合わせもあるということ。重要なのは、もっとも尊重してほしい「私の性」である性自認から出発して考えるということなんです。

――なるほど。今までいろいろ勘違《かんちが》いしてたかも。ところで、性的指向って、自分で選べたり、変えられたりするものなの?

なかには自分で選んだり、変えることができる人もいるかもしれませんが、多くの人はなかなか変えられるものではないと思うんです。みなさんは、たとえば、男性にはこういったメリットやデメリットがあって、女性にはああいったメリットやデメリットがあるからと比較検討《ひかくけんとう》した結果、自分は女性を好きになろう、というように意識的に選びましたか？

――そんなふうに考えたことなかったかも。自然に出てきた気持ちっていうか……。

そうですよね。多くの人にとって、誰かを好きになるという感情はふっと湧《わ》き上がってくるものではないでしょうか。この人と一緒にいたいとか、この人ともっといろんなことを一緒に楽しみたいとか、この人に触れたいとか。だから、他者から「やめなさい」「別の人を好きになりなさい」と言われても、そうそう変えられるものではありませんよね。世界保健機関（WHO）では、異性愛ではない性的指向のあり方を疾病分類には入れていません。つまりどの性的指向も「病気」ではないとしているんです。

――何が病気とか何が間違いとかじゃなくて、ただ矢印の方向が違うだけなんだね。

② 男は女を、女は男を好きになるのが「普通」？

さて、みなさんの保健体育の教科書には「思春期《ししゅんき》になると自然と異性への関心が高まる」という内容が書かれていますよね。これについて、どう思いますか？

――今まで考えたこともなかったけど、この書き方はダメだよね。だって、同性に自然に関心が高まる人もいるし。

そうだね。でも、それだけ？

――あっ、男女両方に関心が高まる人もいるし、誰にも高まらないっていう人もいる！

その通り！　それでは、この教科書の記述《きじゅつ》をどのように書き換えたらいいでしょう？

――**「思春期になると自然と異性や同性への関心が高まる」**にする。

――**「異性や同性」を入れなくてもいいんじゃない？　無性愛の人もいるんだから。「思春期になると自然に他の人への関心が高まることもあれば、高まらないこともある」の方がよくない？**

なるほど、いいアイディアですね。もっと違う書き方があるかもしれないから、みなさんで話し合ってみてくださいね。

ところで、みなさんはＬＧＢＴという言葉を聞いたことはありますか？

――**それ、この前、テレビのニュースで聞いた。同性愛の人やトランスジェンダーの人のことでしょ？**

お、なかなかいい線いっていますね！　ＬＧＢＴはレズビアン（Ｌ）、ゲイ（Ｇ）、バイセクシュアル（B）、トランスジェンダー（T）、それぞれの頭文字《かしらもじ》をつなげた略語《りゃくご》で、ここ数年は広く使われるようになりました。

ここまで、何度か「〇〇セクシュアル」という言葉が出てきましたが、これは性のあり方を広く表す「セクシュアリティ（sexuality）」という言葉に由来《ゆらい》しています。

世のなかを見渡したときに、自分の体の性別に違和感がなく（シスジェンダー）、異性を好きになる（ヘテロセクシュアル）人の割合が一番多い、つまり多数派（マジョリティ）なんですね。それに対して、レズビアンやゲイ、バイセクシュアル、トランスジェンダーなどの人たちは比較的、割合が少ないため、「セクシュアル・マイノリティ」（性的マイノリティ）と呼ばれています。セクシュアル・マイノリティのなかでも、レズビアン、ゲイ、バイセクシュアル、トランスジェンダーの人たちの数が多かったり、社会でも存在が見えることが多かったりしたので、セクシュアル・マイノリティの人権を保障《はしょう》しようという社会運動のなかで、「LGBT」という言葉を使ってきたという歴史があります。

けれども今お話ししたように、これら4つ以外にも、性のあり方、セクシュアリティにはいろいろなかたちがあるし、その人のなかで揺れることもあります。異性が好きなのか、同性が好きなのか、その両方なのか、年齢を重《かさ》ねてようやく自分は誰も好きにならない無性愛だと気づくことだってあります。自分の性別が揺れることもあります。

性自認が男性でも女性でもないことを「Xジェンダー」「ノンバイナリー」（「境界線がない」という意味）といったり、性自認や性的指向が定まっていない「？」のような状態の人を「クエスチョニング」といったりします。「自分のセクシュアリティだけど自分でもよくわかんない」ということだってあるんです。人の性はとても複雑なので、自分でしっくりとくるカテゴリー名に出会えないこともあります。

そういったクエスチョニングのQをLGBTにくっつけて「LGBTQ」、さらに性のあり方は多様であるという意味でプラスを足して「LGBTQ＋」という表し方もあるんです。Qにはクエスチョニングの Q と、「不思議な」「奇妙な」という意味を持つ「クィア（queer）」のQの意味もかかっています。英語圏《けん》では、クィアは人を侮蔑《ぶべつ》するときに使われる非常に強い響きを持つ言葉なんですが、あえてそれを逆手《さかて》に取り、「クィアで何が悪いの？　あなただってクィアな存在でしょ」というようにポジティブに使おうとしてきた歴史があります。

他にも、「LGBTs」という言葉もありますよ。複数形を意味する小文字の「s」をつけることで、さまざまな性的マイノリティを表す言葉として使われています。

――そんなにいっぱい！

そう、今紹介したものだけでなく、もっといろんな表現もあります。興味のある人はインターネットなどで調べてみてください。もしかしたらまだ名前がつけられていないセクシュアリティが、新たにカテゴリー名を持つようになるかもしれません。もしくは、そうやって名づけられることを拒否することもあるかもしれないですよね。

3 セクシュアル・マイノリティは身近にいるの？

――でもＬＧＢＴＱとかセクシュアル・マイノリティの人って、テレビでは見るけど、うちのクラスや学校にはいないよね……。

え？　それって本当かな？

――え？　いるの？

いないの？　じゃあ、なんでいないってわかるのかな？

——だって、テレビに出てるようなオネエの人っていないよ？

なるほど。じゃあ、「オネエの人」ってどういう人？

——女装《じょそう》してたり、女っぽい言葉を使う男の人とか。さっき教えてくれたトランスジェンダーの人とか。

そうですね。そういったオネエタレントさんって、毎日テレビで見ますよね。だからセクシュアル・マイノリティ＝オネエタレントさんっていうイメージを持ちやすいのかな。でもオネエタレントさんは「タレント」（芸能人）だから、性の部分をわかりやすく表現していることが多くて、タレントではないセクシュアル・マイノリティの人の多くは、そういう感じでは生活していないんですよ。これについては、また、あとで詳《くわ》しく話しますね。
みんなが言うように、「私のまわりにはいないんですけど、セクシュアル・マイノリティの人ってどのくらいの割合でいるんですか?」という声、大人からもとてもよく聞きます。なんでだと思う?

——やっぱりテレビのイメージが強いから。あとは、誰が好きかとか、心の性は見た目ではわからないから。

そう、見た目からパッとわかるものではないんですよね。だから、きっとみんなのまわりにもいるはずなんです。「いない」んじゃなくて、いるかどうか「わからない」ということであって、「いるはず」なんですね。

いろんな調査結果を見てみると、LGBTなどのセクシュアル・マイノリティは、全体の2~5%、もしくは10%は存在していると考えられています。なぜこの数字にばらつきがあるかというと、まだ差別《さべつ》や偏見《へんけん》がある社会のなかでみんなが正直に答えることができるのかということもありますし、アイデンティティの持ち方やカテゴリーの定義《ていぎ》、その理解の仕方などは、人によって大きく異なることがあるからです。

ただ仮に5%とすると、日本の人口は今約1億2000万だから、何人になる?

――ええっと……600万人くらい？

正解。5％で600万人。600万人って相当大きな数だと思いませんか？　日本でいうと、千葉県の総人口とほぼ同じなんですよ。100人いれば5人、20人いれば1人はセクシュアル・マイノリティの人がいるという割合になる。そう考えると、クラスに1人か2人はいるはずですよね。つまり、みなさんのクラスにも学校にも必ずいるということです。でも「いない」ように見える。なぜでしょう？

――見た目ではわからないから。

そうだね。その他には？

――それが原因でいじめられるかもしれないから隠《かく》してる？

そうなんです。でもそういった状況ってとても残念ですよね。さっきセクシュアル・マイノリティの数字にはばらつきがある、差別のある社会では正直に答えてもらえているかどうかわからない、と言いましたが、それは、もし自分がセクシュアル・マイノリティだとバレたら、いじめられるかもしれない、差別されるかもしれないと恐怖心を持っている人が多いからなんですね。そういう気持ちが回答に影響してくるんです。

今の日本の社会では、「同性が好き」「体の性に違和感があるから心の性のままで生きたい」というと、それが原因でいじめや差別されるきっかけになることが少なくありません。だから当事者《とうじしゃ》は、必死で隠しているんです。

でも、あなたの身近にもセクシュアル・マイノリティの人は必ずいます。今日電車で隣《となり》に座った人がそうだったかもしれない、車掌《しゃしょう》さんがそうだったかもしれない、近所のコンビニの店員さんがそうかもしれない、学校の先生や、自分の親やきょうだい、親戚《しんせき》、お友だちがLGBTの人かもしれない。あなた自身が今後、そうだと気づくかもしれない。

――なるほど。これまで考えてもみなかったけど、本当はどこにでもいろんなセクシュアリティの人がいるんだね。

ちょっと見方を変えてみましょうか。シスジェンダーの異性愛の人は、自分がシスジェンダーの異性愛であることを、誰かに改まって打ち明けたことはありますか。「実はね、私はシスジェンダーの異性愛者なんだ」って。

――……ない。だって、シスジェンダーっていう言葉も知らなかったし、みんなそうだと思ってたから。

セクシュアリティは目に見えないものだから、傍目《はため》にはわからないですよね。でも、わからないにもかかわらず、私たちの社会では、言わなければ「シスジェンダー」の「異性愛者」だと勝手にみなされてしまう。

たとえば、女の子になら「彼氏いるの？」、男の子になら「彼女いるの？」という会話がごく普通のこととしてなされていますよね。「好きな芸能人のタイプは？」と聞かれたら、「異性」の芸能人で答えるのが当然だと思っていませんか？

――本当だ。「異性愛」が当たり前だと思っていたから、もしかしたら同性が好きかもしれないなんてことを考えもしないで、これまで話してた。

そういうことが前提になっている社会のなかでは、同性が好きな人、自分の体の性別に違和感を持っている人たちは、「シスジェンダーの異性愛者としてふるまわなければならない」と思わされてしまいます。つまり、ごまかしたり嘘《うそ》をついたり、口を閉ざすかしかないと思ってしまう。セクシュアル・マイノリティの人が社会のなかで「見えない存在」であるのは、見た目ではわからないっていうことだけではなくて、自分のセクシュアリティを「言えない」ためでもあるんですね。

でも、信頼できる友だちにはなるべくごまかしたり嘘をついたりしたくないですよね。お互《たが》いに心の底から笑ったり、一緒に話し合ったりしたいじゃないですか。

――うん、その気持ちはすごくよくわかる。自分も仲のいい友だちには素直《すなお》な自分を見せたいし、見てもらいたいもん。

そう、できる限り素直でいたいですよね。そう思ったときに、セクシュアル・マイノリティの人が、自分のセクシュアリティについて打ち明けることを「カミングアウト」といいます。

――あ、「カミングアウト」って聞いたことある。テレビでも芸能人が昔の過《あやま》ちを懺《ざん》

悔《げ》したり、人に言えないことを暴露《ばくろ》するときに、「カミングアウト」って使ってる。

そうだよね。でもね、本当は「カミングアウト」っていう言葉は、「懺悔」とか「暴露」とは違う意味合いなんです。カミングアウトは、英語の「coming out of the closet」(クローゼットから出る)という熟語が由来なんです。クローゼットってどういうところ?

――**洋服をしまうところ。**

――**散《ち》らかってる物を隠すところ(笑)。**

そうだね(笑)。日本語で言うと押入れですね。みなさんのなかには、部屋に散らかったいろいろなものを、とりあえずそこに押し込んで見えなくさせている人がいるかもしれませんね。

リビングルームなどの部屋は普段の生活空間です。この社会に喩《たと》えるなら、シスジェンダーで異性愛の人しかいないと思われている生活空間です。セクシュアル・マイノリティの人たちはどこにいるかというと、クローゼットに押し込められて、シスジェンダーで異性愛の人のための生活空間から隠されて（見えなくさせられて）いる状態にある。

でも、そういう暗くて狭い空間に閉じ込められているのは窮屈《きゅうくつ》だし、部屋に出てみんなとお話ししたり遊んだりしたいですよね。だからシスジェンダーかつ異性愛のふりをせずにクローゼットから出るという「カミングアウト」をします。本来は「こんな私でゴメンナサイ」といった「懺悔」や、秘密の「暴露」という意味では使わない言葉なんですよ。

――そうなんだ。テレビでの使い方が間違ってたんだね。

そう。もちろん、クローゼットのなかで仲間や友だちと楽しく過ごすことを大切にし、職場や家ではカミングアウトをしないでおきたいという人もいます。なぜなら、私とあなたとの関係にはセクシュアリティは関係ないことだから、別に話さなくてもいいということもあるからです。

または、もし、カミングアウトをするとなったら、すごく勇気を振《ふ》り絞《しぼ》らなきゃできないことが多いですよね。相手のことを信頼していて、だからこそ、この人ときちんと関係をつくっていきたいと思うからカミングアウトしようと思う。でも、たとえその相手を信頼していても、やっぱり怖い。話したら関係性が変わってしまうかもしれない、差別されちゃうんじゃないか、という不安がつきまといます。

ちょっと振り返ってみてください。仲のいい男子同士が「あいつらホモかよ」とからかわれている光景を見たことはありませんか？　「オカマ」という言葉を使って笑ったことは？　自分で言わなくても、そういう発言を聞いて一緒に笑ったことは？　もしかしたらあなたのそういう姿を見て、「あ、この人に自分のセクシュアリティは言えないな」と感じた人が隣にいるかもしれない。そこで一緒に笑っている友だちが、本当はセクシュアル・マイノリティかもしれない。自分に笑いの矛先《ほこさき》が向かないように、必死につくり笑いをしていることもあります。もしそんなことをあなたの友だちにさせていることがわかったら、あなた自身も苦しいかもしれませんね。

4　カミングアウトをするには／されたらどうすればいい？

——じゃあ、もしも身近な人からカミングアウトされたら、どんなふうに答えればいい？

どんなふうに答えるのが正解か。これはあなた自身とカミングアウトした人の関係性の問題ですから、正しい答えやこうすればよいというマニュアルはありません。これからお話しすることは、カミングアウトをしたいと思っている人も、カミングアウトを受ける立場から考えてみてくださいね。では、みんなはなかなか人に言えずにいたんだけど本当は言いたいことって、まずどんな人に言いますか?

――うーん、親友かな……。でも親友だからこそ言えないかも。

どうして?

――だって、それを言ったことで、関係が壊れたら嫌《いや》だし。

そうだね。もしそうなったら、すごく悲しいよね。

――親もそうかも。友だちは関係が切れてもまだあきらめはつくけど、親とは関係

が切れないし、一緒に住んでるし。

親友も親も、とても身近な人ですよね。なんでその人たちに言いたいと思う?

——**やっぱり身近で、大切な存在だし。お互《たが》いに信頼してる、そんな関係でありたいっていうか……。**

セクシュアリティのカミングアウトも、同じような気持ちが含まれてると思うんです。やっぱり、信頼してるからこそ、その人にカミングアウトしたい、カミングアウトするっていうことではないでしょうか。

だからまずは、「自分は信頼されているんだ。だから相手は言ってくれたんだ」というところから出発してみてはどうかな? 「あなたとはいろいろとごまかすことなく、もっといい友だちになりたい」という思いが、カミングアウトにはある。そう考えたら、返す言葉はきっと自然に出てくるんじゃない?

——**そうだね。そう考えたら、カミングアウトしてもらえるってうれしいかも。**

そこからもっといい親友関係になれるかもしれないですよね。

――でもさ、もしそこで愛の告白もされたらどうしたらいいんだろう。

なるほど、そういうことも心配なんですね。もしあなたが、その人に対して愛情を持っているのなら、晴れてお付き合いすることになるかもしれないし、もしその人があなたの恋愛の対象ではなかったら、振《ふ》るしかありませんよね。

――そうだよね……。それって自分の好みのタイプじゃない異性の人を振るってことと、同じ?

はい、同じことです。だから、振ったあとでその人と友だちでいられるかどうかは、異性であろうと、同性であろうと、難しい。そこが、恋愛の複雑なところ。いい友だちのままでいられたらいいですけどね。

ちなみに、あなたが振られることもあるんですよ? あなたが好きな異性の人、その人は同性が好きかもしれないんだから。

――そうか……。自分が告《こく》られることばっかり考えてたけど、そもそも自分にそんなに魅力があるのかって話だよね（笑）。

（笑）。告白してもらえるっていうことは、自分に魅力を感じてくれてるっていうことですもんね。そう思ってもらえるぐらいに、自分を磨《みが》きたいですよね。

――まずはそこか（笑）。

カミングアウトされたら、きっとわからないことや聞きたいことがたくさんあると思うんです。そういう疑問は、率直《そっちょく》に相手に聞いていいかもしれませんよ。もしも相手が答えづらそうにしていたら、「答えにくいことを聞いちゃってごめんね」と伝えればいいし。そうしたら、相手も「こういう理由があるから、それは話したくないんだ」と答えてくれるかもしれない。そこから対話が進んで、お互いの理解や信頼も深まるきっかけになるかもしれませんよね。

または、相手に聞きたいと思った疑問を、自分自身に問いかけてみる、というのもいいかもしれません。あなたがシスジェンダーの異性愛者で、友だちから同性愛者であるとカミングアウトされたら、「なんで同性が好きなの？」と聞きたくなるかもしれません。そのときは自分の胸に「なんで異性が好きなの？」と聞いてみてはどうでしょうか。

——え、考えたこともなかった。理由なんかない……気がするなぁ。

同性を好きになることも、異性を好きになることも、そんなに大きな違いはないかもしれません。「なんでだろう？　私もわかんない」「よく考えてみたら自分もわかんないや」なんて会話になって、そのことを一緒に笑い合えるかもしれないですね。

同時に、カミングアウトする必要があったということは、今までの関係性はもしかしたら対等なものじゃなかったのかもしれない、ということも考えてほしい。カミングアウトを出発点にして、もっと対等でいい関係を築くことができるはずですから。

先ほどもお話ししたように、カミングアウトとは、押し込められていたクローゼットから出て、新しい関係をつくっていきますよという宣言です。私とあなたは対等になって、関係をつくり直しましょう、ということですから。

——じゃあカミングアウトされない、ってことは信頼されていないってこと？

そういうこともあるし、それだけとも言えません。先ほどもお話ししたように、「自分のセクシュアリティを言わないままで過ごしたい」「私とあなたの今の関係にはセクシュアリティのことは関係ないですよね」と考えてカミングアウトしない人だって大勢います。時《とき》と場合によってカミングアウトしたり、しなかったりしている人もいます。カミングアウトは「しなければいけない」というものではないので、人それぞれの自由です。ただ、カミングアウトしても問題がない関係性、社会づくりというのは、これからもっともっと進んでいくほうがいいと思います。

性は多様であるという考え方が広く浸透《しんとう》するようになったら、今「普通」とされていて、カテゴリー名も意識されていないシスジェンダーで異性愛の人も、自分のセクシュアリティをあえて言葉にすることになるかもしれませんよ。だって見た目では、その人のセクシュアリティはわからないから。

——そうだよね。見た目じゃわかんないんだから、みんなが言ったほうがいいよね。

そんなカテゴリーなんて関係ない、同性愛とか異性愛とかシスジェンダーとかトランスジェンダーとかいう言葉を使わなくても、「私はあなたが好きです。付き合ってくれますか」とか、「自分はこうやって生きます」と言うだけでいい時代が来るかもしれませんね。

ちなみに、最近日本でも使われ始めた言葉ですが、セクシュアル・マイノリティの当事者ではないけれども、自分の問題として理解し、関わっていこうとする人のことを「アライ(ally)」と呼んだりしています。これまで私/私たちがつくってきたマイノリティとマジョリティが不平等な社会のことを考えたい、考えていこうという意思を表明している人のことです。セクシュアル・マイノリティがバカにされたり、笑われたりするような場面で「それって差別だよ」「それぜんぜん笑えない」ときちんと言葉で表す。それもまたアライのあり方だと思います。

他にも性の多様性を表す象徴として、6色のレインボーカラーのグッズがあります。旗やリストバンド、バッジとか。そういうレインボーカラーのアイテムをあえて身につけることで、「私はこの問題についてちゃんと考えていますよ」とアピールするというやり方もあります。もちろんわざわざそうしなくてはならない、ということではないのですが、ぱっと見ではなかなかわからない問題ですから、そういう表明の仕方もある、ということは覚えておくといいかもしれません。

5 「性」ってどうしてこんなに多様なの？

――性にはいろんなかたちがあることはわかったけど、それにしてもどうしてこんなに多様なの？　同性を好きになったりする生物学的な原因とかあるの？

結論からいうと、まだよくわかっていません。科学の進歩によってヒトゲノム解析《かいせき》や遺伝子研究を通じて、この染色体にあるあの遺伝子がヒトの性分化に大きく関係しているだろうとか、20～100近くの遺伝子が複合的に複雑に影響しているだろうなど、いろんなことが少しずつわかるようになってきました。が、私たちの性自認が、私たちの身体や社会文化における何がどのように影響して形成されるのか、なぜ異性愛や同性愛、両性愛、無性愛などに分かれるのか、またどのようにアイデンティティが形成《けいせい》されるのか、なぜこんなに性は多様なのか、ということはまだまだわからないことだらけです。

成長過程で、それまで気づいていなかった自分のセクシュアリティに気がついたり、移り変わったりすることもあるので、時間軸《じく》での変化も影響しているでしょうね。私たちは生きているだけでいろんな情報をキャッチしているので、すごく複雑な相互作用《そうごさよう》がそこにはあると考えられています。

さっき、「原因とかあるの?」と聞いてくれましたが、「原因」という言葉も、考えるポイントなんです。みなさんに考えてもらいたいんだけど、異性愛者である人が異性愛になった原因ってなんでしょう?

——原因? そんなこと考えたこともない……。「性にはいろんなかたちがある」って教えてもらって、わかった気になっていたけど、まだ同性愛やトランスジェンダーは「普通とは違うもの」っていうとらえ方をしてたのかも……。

でも、そういう気づきが、とても大切なんですよ。たとえば、世のなかには右利《き》きの人もいれば、左利きの人もいる。右利きの方が多数派だけど、左利きの人に「なんで左利きになったの? 原因は?」って聞く人は、そんなにいませんよね。一重《ひとえ》まぶたか、二重《ふたえ》まぶたかもそう。普段の生活をするなかで、どうしてそうなったのかという「原因」を気にしている人は、ほとんどいません。

それなのに、LGBTなどのセクシュアル・マイノリティであることの「原因」については、執拗《しつよう》に知りたがる人がいる。なんで、そんなに知りたがるのでしょう。不思議ですよね。そこには、さっき気づいてくれたような、「普通とは違うもの」という意識があるのかもしれません。自分が異性愛やシスジェンダーになった「原因」だってわからないし、考えたことだってないのにね。

――本当だ。どうしてそんなふうに考えちゃうんだろう。

たとえば、子どもが生まれたら、最初に質問したくなるのは「男の子？　女の子？」っていう、性別でしょう。名前よりも何よりも先に知りたくなりますよね。とても不思議じゃないですか？　私たちは、ものすごく性別やセクシュアリティにこだわっている。こだわるというよりは、こだわらされているという社会の表れかもしれないですね。

――今度、身近なところで赤ちゃんが生まれたら、性別じゃなくて、名前を先に聞いてみようかな。だって、性別より名前の方が、その子独自のもので大切じゃない？

なるほど、いい考えですね。今度はぜひそうしてみてくださいね。

一方で、成長するにつれて自分のセクシュアリティがどちらかといえば少数派である、ということを自覚した人の多くは「なんで?」「何が原因で自分だけ違うの?」と考えて、苦しむこともあるでしょう。子どもにカミングアウトされた親もそう。「育て方が悪かったのか」と思って原因探しをしてしまったり、自分を責《せ》めたりしてしまう親や保護者《ほごしゃ》も少なくありません。

――でもさ、本当は関係ないよね。だって、逆に考えてみたら、自分が異性を好きになるのだって、親にそうやって育てられたからじゃないもん。

そう。同じように、同性を好きになるのも、親のせいじゃないですよね。人を好きになるのは、そもそも苦しいことではないし。異性を好きになるのも、同性を好きになるのも、無性愛も、シスジェンダーもトランスジェンダーもよくあることで、どれが良い、悪いではないという価値観でこの社会ができていれば、同性を好きになっても苦しむことはないですよね。

――少しずつ、性についてわかってきたかも。でもさ、この先、科学の進歩によって、人間の性が多様な理由がわかる日が来るのかな？

来るかもしれませんね。それについて、どう思う？

――理由がわかったら……同性愛や両性愛や無性愛の人を、無理に異性愛にさせるようなことが起こるかも？

なるほど。科学の進歩がそういうふうに人の生き方を無理矢理変えさせるように使われてしまうのは怖いし、嫌ですよね。科学的にいろいろなことが解明されるのは、人体の不思議として興味深いけれど、科学はいろんなセクシュアリティの私たちが自分らしく生きていく手助けをしてくれるものであってほしいですよね。

――うん。ところで、セクシュアル・マイノリティの人が、自分のセクシュアリティを自覚するのはいつ？　思春期になってから？

じゃあ、また逆に質問しますね。シスジェンダーの人は、いつ自分の体が性自認に合っていることに気づきましたか？

——あ、そうだった。そういうふうに考えてみるとよかったんだ。

——でも、そんな気づきとかなかった気がする。

シスジェンダーの人は、性自認と体の性が一致しているから、体の性をそのまま自分の性として感じていることが多いかもしれませんね。

トランスジェンダーの人は、早ければ小学校に入る前に、体の性が「なんか違う」と感じる人がいるみたいですよ。「これは自分の体じゃない」とか。たとえば、親が用意してくれた七五三《しちごさん》の着物が、その子にとっては自分の性別のものではなかったら、どんなに素《す》敵《てき》なものでも着たくないって思うでしょう？　でも、その年齢だと言葉ではうまく説明できないから「着たくない！」と泣いて暴れるしかなかった、という体験談をけっこう聞きます。

――そんなに早く自分の性別について考えるんだね。

一方で、中学校で制服が着られなくて気づくとか、大人になってから気づく人もいます。ずっと心にモヤモヤしていたものがあったんだけど、大人になってから、これは体の性に対する違和感だったんだ、とか、自分は違う性で生きたかったんだ、というように。だから気づきの時期は、人それぞれなんです。「トランスジェンダー」っていう言葉を知ることによって、自分のモヤモヤ感はこれだったんだ！　と意識する人もいますよ。

――そうなんだ。さっき、カテゴリー名とか言葉って、そんなに重要じゃないって思ったけど、言葉によって自分の気持ちが整理されたりすることもあるんだね。

言葉があるということは自分と同じ感情を持っている人がいるんだ、自分ひとりじゃなかったんだって安心する人もいますよ。

では次の質問。異性愛の人は、いつ自分は異性が好きな異性愛者だと気づきましたか？

——それも、そんな気づきはなかったかも。そもそもさっきまで「異性愛」なんていう名前があることすら知らなかったし。

そうですよね。異性を好きになることが「普通」だと思って、それが「普通」の社会で生きていると、わざわざ「自分は異性愛者なんだ」なんて意識することはないかもしれないね。

じゃあ、初めて人を好きになったのはいつでした？　初恋でもいいよ（笑）。

——ええっと……ぼくの初恋は幼稚園生《ようちえんせい》のとき。でも、ちゃんとした恋愛感情みたいなのは小6のときかな。なんか恥ずかしい（笑）。

幼稚園生のときに初恋だという人もいれば、高校生で初めて誰かに恋したという人だっている。さっき答えてくれたように、初恋と思春期になってからの恋愛感情はちょっと違うかもしれませんよね。そして、誰のことも好きになったことがない人もいますよね。

これは異性を好きになる人も同性を好きになる人も、平均値《へいきんち》を取ってみれば、そんなに違いはないかもしれません。「自分は同性が好きだ」「同性も異性も両方好きだ」ということを自覚するのは、だいたい中学生になる前後ぐらいといわれています。思春期のころですね。今の社会では、異性を好きになることが「普通」とされているから、同性を好きになると、「あれ、みんなと違うぞ」「自分は同性愛者なのかもしれない」っていう気づきの機会があります。そしてまだまだ差別意識が強いところでは、同性愛の人が「同性を好きになっちゃうのはいけないこと」と強く思い込むことで自分の感情を押し殺し、受け入れることが遅くなるケースもあります。

特に中学生のころは、学校内では「個性《こせい》を大切に」と言われる一方で、髪型《かみがた》はこうでなければならない、制服を着なければならないという校則があったりする。学校のシステムが個性を出させないものになっている。だから友だち関係のなかでも、「みんなと違う」ことに対する不安や嫌悪《けんお》感が出てきたりする。逆に言えば、「みんなと同じが安心」という気持ちは大きいでしょうね。

――ほんと、意味わかんない校則とかむかつく。なんで男子だと耳の上で髪の毛を切らなきゃいけないの？　わけわかんない。

そうですよね。たとえば、「髪の毛は黒」という校則のために、生まれつき茶色だったり金色だったりする髪の毛の人も無理に黒く染《そ》められることもあるかもしれない。日本にはいろんな国や地域の出身の人、いろんな人種や民族の人、いろんな体の状態の人がいるのに、そういった違いが無視されるのは、問題ですよね。性別やセクシュアリティだって、そう。

——私の友だちには「ハーフ（ダブル）」とか「クォーター」もいるし、両親とも外国人だけど生まれも育ちも日本って人もいる。全部含めて、大切な友だちなんだよね。

友だちが、自分のいろんな部分を尊重《そんちょう》してくれるのは、うれしいですよね。

——もしも自分が同性愛者だと自覚したら、ずっと同性愛者なの？　自分のセクシュアリティが、将来変わるってことはあるの？

「変わる」というか、今気づいていなかった自分の感情に気づくことはあるかもしれません。今は同性が好き！　と思っていても、将来、異性に対して好きという感情に気づくかもしれないし、異性のなかでもその人だけは特別と思うかもしれないし。それは同性、異性を入れ替えても同じかもしれないですね。

——なるほど。未来はわかんないよね。でも、今は異性が好きで、将来同性を好きになっても、それはそれで悩まないかもしれないな。

悩まずにいられたらいいし、そのときの自分の気持ちや、そのときの関係性を楽しめたらいいですよね。

6 同性カップルには「男役」「女役」があるの？

——ゲイのカップルに「男役」と「女役」があるって聞いたことがあるんだけど、レズビアンのカップルもそう？　どちらかが男っぽくて、どちらかが女っぽいの？

じゃあ、その「男役」「女役」は、具体的にどういうことかな？

――「男役」は「女役」の人をリードしたり、車を運転したり、デートではおごったり。何かを最終的に決断したり、力強く抱きしめたり、頼りにされるとか。「女役」は、料理や家事をしたり、デートではおごってもらったり。いろんなことを「男役」に決めてもらって、抱きしめてもらうとか。

異性カップルでは、そういう役割分担があるのかな？

――うちの両親は、そういうのありそう。

――えー、うちは母親の方が強いな。父親の方が引っ張られてる。

――うちはお父さんが料理してるよ。お母さんの方が仕事で帰りが遅いし。

家庭によって、違うんだね。でも「男性の役割」と「女性の役割」というイメージが、あるのかもしれませんね。

――うん。男の自分は、もし彼女ができたらリードしなくちゃいけないって思ってた。やっぱりおごったほうが男らしいかなとか。

それはプレッシャーだね。

――でもさぁ、プロポーズは男の人からじゃない？

――えっ⁉　なんで⁉　どっちからでもよくない⁉

結婚したいとそのときに思ったほうが、プロポーズしたらいいですよね。

――女の人からプロポーズすると「逆プロポーズ」って言ったりするもんね。なんで「逆」なのかいつも不思議だったんだ。

その通りですね。「逆」をつけてしまうのは、プロポーズは男性がするものっていう「男性役割」の意識があるからでしょうね。そういう「男らしさ」「女らしさ」「男役」「女役」にとらわれてしまうのは、実はすごくもったいない。社会の「らしさ」に惑《まど》わされてしまったら、本当に自分にぴったりくる相手を見逃してしまうかもしれませんよ。

同性カップルでも、ふたりともフリフリでかわいいファッションが似合う女性同士のカップルもいれば、どちらもいわゆる「男らしい」雰囲気《ふんいき》の男性同士のカップルもいますよ。同性カップル当人《とうにん》が、どちらかが「男役」「女役」をやらなきゃいけないって思ってしまっていることもあるし、実際に役割分担しているカップルもある。でも、同性カップルも異性カップルも、それぞれが得意なことを率先《そっせん》してやればいいし、欠けているところは協力しあえばいいと思いませんか？　リードなんて得意なほうがすればいいし、ときには役割を交替してみてもいい。だって男性とひとくくりにしても、世のなかにはいろんな男性がいます。豪快《ごうかい》な考え方の人もいれば、繊細《せんさい》な人もいる。強い人、優しい人、さまざまな人がいる。それはトランスジェンダーもシスジェンダーも同じ。私はつい先日、背の高い女の子が、背の低い男の子の肩を組んで歩いているカップルを見かけましたよ。そういう関係性だっていいですよね。性別役割にこだわってしまったら、カップルそれぞれのいいところが発揮できなくなって、窮屈ですよね。

「男役」「女役」については、面《めん》と向かって聞きづらいだろうけれども、すごく気になることととして、セックスの問題があるかもしれませんね。

――実はそれ、すごく聞きたかった。そこはやっぱり「男役」と「女役」ってあるんじゃないのかなって。

それもまたセックスは「男役」と「女役」で行うもの、という思い込みに根《ね》ざしている考え方なんです。異性間においてはペニスとヴァギナの結合（挿入《そうにゅう》）＝セックスだと考える人が多いので、それを同性間にも当てはめて考えたくなってしまう。だからセックスにおける「男役」「女役」が気になってしまう。でも、それだけがセックスではありません。セックスのスキンシップって、もっと幅広く、豊かなんですよ。男役、女役、という考え方もそこにはないし。男がリードして女は受け身でとか、セックス＝性器の結合だけ、という貧困《ひんこん》なイメージしかない人は、たぶんすぐに振られます（笑）。

それから、友だちのカップルでも知り合いでも、唐突に「どんなセックスしてるの？」って聞いたりはしませんよね。だから本当は聞きたかったけど、自分からは聞けなかったのかな。一方的に聞いてしまうという問題もありますね。

――あ、そうか。同性カップルの人に聞くことしか考えてなかったかも。

友だちと仲よくなって、こういう話もざっくばらんに語り合えるような関係になれたらいいかもね。もちろん、異性間でも同性間でもコンドームなどを使って性感染症《かんせんしょう》予防をすることは忘れないでくださいね。最も予防できる方法はセックスをしないこと！　というのも覚えておきましょう。

7 テレビでよくオネエタレントを見るけど、オネエって何？

――でも、テレビに出ているオネエのタレントは女性っぽい人ばかりだよね？　やっぱりゲイの人って男の人が好きだから女っぽくするの？

今の日本にはオネエタレントさんがたくさんいますよね。大勢の人に親しまれている人気者も多い。ＬＧＢＴの人たちが、そういうオネエタレントさんの存在に、「性はいろいろなんだ」「自分は自分のままでいいんだ」と励《はげ》まされたりすることもあるでしょう。「オネエ言葉」などの「オネエ」的な振る舞いをする文化は、男女の性別役割を飛び越えてしまう面白《おもしろ》さ、性別役割的な規範意識を混乱《こんらん》させてしまうエネルギーを持つものとして、ゲイの仲間内（コミュニティ）でゲイカルチャーとして楽しまれていたものでもあるんです。

ただ一方で、日本のテレビの世界では「男性が女性っぽくしている」人、「もともと男性に生まれたんだけど女性として生きている」人が「オネエタレント」として活躍《かつやく》しているから、「ゲイの人は女っぽい」という思い込みができてしまっている。

シスジェンダーで異性愛の人のなかにも、いろんな性格の人がいて、自分の性別とは違う「らしさ」を表現する人もいるでしょう？　ゲイの人にも、社会で「女らしい」とされるような振る舞いを多くする人もいれば、「男らしい」とされる行動をとる人もいます。時と場合によって、表現の仕方が変わる人もいますし。みんなだって、その場その場で、自分のいろいろな要素を使い分けたりするでしょう？

あと、オネエタレントさんとして活躍してる人のなかにも、トランスジェンダーの人や同性愛の人が混《ま》ざっているんですよ。

――えっ、そうなんだ。「オネエ」ってひとくくりにしていて、そのなかの違いなんて考えたことがなかった。

そもそも「オネエ」っていう言葉を、どういう意味で使っていますか？

――「仕草や話し方が女っぽい男」「メイクをしてる男」みたいな感じだと思ってたけど。

いろんなイメージをひっくるめて「オネエ」という言葉を使っていますよね。でも「男らしくない男性」と言い換えることはできるんじゃないでしょうか。オネエタレントさんの多くは、そういった部分を表現して、笑いをとったり、または笑われたりしていることがあるんだけど、じゃあ男らしくない男性はなぜ笑ってもいいんだろう？

少し視点を変えてみましょうか。日本では「オネエタレント」といわれる「男らしくない男性」のタレントさんはたくさんいるけど、逆のパターンのタレントさんは、どれくらい思いつきますか？　「男のように振る舞う、女らしくない女性」のタレント、女性として生まれたんだけど男性として生きているトランスジェンダーのタレント、女性として女性が好きなレズビアンを公言するタレントって、ほとんど思い浮かばないですよね。テレビのなかで面白おかしく扱われるのは、「オネエ」の部分が圧倒的《あっとう》に多いんです。

――そう言われてみれば、日本はそうかも。ハリウッド女優でレズビアンだってカミングアウトしてる人は何人か知ってるけど。

これは男女の性差別の問題が関わってきていることなんです。今の日本の社会は「男性と女性の格差《かくさ》が大きい」というふうに世界から見られている国なんですね。「ジェンダー・ギャップ指数《しすう》」というのがあって、2021年発表の調査結果では、日本のランキングは156か国中の120位。かなりの下位ですよね。日本はとても男女格差があるということ。これは家庭でも職場でも心理的な面でも、女性のほうがまだまだ「低い」ものとされて差別されている、ということなんです。男が上で女が下、という意識が根強い社会なんです。

オネエタレントさんが「笑い」の対象とされる理由は、まさにここにあるんです。社会の中心にいる男性たちは、「女に〝下《お》りる〟男は笑っていいんだ」と無意識のうちに思っている。つまり差別意識ですね。笑いの対象として消費していいと思っている。男と同じ位置まで「上がってくる」女には反発を感じるけれども、女の位置にまで下りる男のことは、男性は笑えるんです。

――なんだか複雑。

そうですね。でも、もちろんそれだけで「笑う」わけではないですよね。そのタレントの自分とは違う個性、「普通」と違う部分を純粋に「面白い」と感じることもあるはず。笑いをアピールする側も「違うって面白いでしょ?」というポジティブな笑いをつくることだって、これからの時代はもっともっとできるんじゃないかな。「違うって面白いんだね」「なんだか励まされるね」という笑いが発信されていくといいですよね。

――オネエって言葉、何も考えないで使っていた。

たとえば、あなたのクラスで「自分はトランスジェンダーなんだ」とカミングアウトした子がいるとしますよね。その子に対して、「お前、オネエなんだろ。じゃあオネエっぽくやってみてよ」とクラスメイトが冗談でキャラを強要《きょうよう》してしまうと、どうなると思う?カミングアウトした本人は、それをやらないと自分の居場所《いばしょ》がなくなるかもしれないという不安があるから、無理やりオネエキャラで振る舞ったりせざるをえない。そういう事例が実際にあるんです。それはつらいですよね。

――素《す》の自分を出せないのがつらいっていうのはわかるなあ。

女だから、男だから、トランスジェンダーだから、レズビアンだから、ゲイだから……こうあるべきだ、という乱暴な決めつけは、誰にとっても苦しいことなんです。日本では年間、約2万人が自殺していますが、その7割が男性なんですね。それはつまり男の人たちが、自分たちを自分たちで縛《しば》っている部分が大きいということの表れでもあると考えられています。男だから弱音《よわね》は吐《は》けない、と思い込んで溜《た》め込んでしまう。もちろん女性も同じで、「女だろ?」「女のくせに」と言われる場面が日常生活のなかで多々あります。そういう性別に由来する偏見や思い込みは、ジェンダーバイアスと呼ばれています。

――ジェンダーバイアス。自覚はなかったけど、思い当たるかも。

そういう「らしさ」の縛りは日常のあらゆる場面にあるんですね。小中学生のいじめのデータを見ても、ジェンダーやセクシュアリティに関わる事例があります。そのなかでも最も深刻で長期的ないじめを受けていたのは、「男の子らしくないとみなされた男の子」だった、というデータもあります。

だから、どんなセクシュアリティの人でも、「らしさ」が自分たちを縛ってない？　と考えてみることもとても大切なことだと思いますよ。

――そうか、「自分らしさ」が大切ってことなんだね。

そう、「自分らしさ」は、とても大切なこと。でも、今度はその「自分らしさ」という言葉に縛られてしまうこともあります。人間はとても複雑で個性的な存在なんだけど、すべての人が他者と違うものばかりを持っているわけではありません。多くの人と同じものを持っていることもある。他の人と違う部分もある。自分で考える「自分らしさ」と他の人から見られている「あなたらしさ」は、重なる部分もあれば、重ならない部分もある。自分が思っていた「自分らしさ」も、いろんな経験をするなかで、変化していったりもする。だから、その「自分らしさ」に縛られすぎずに、変化していく自分も含めて、自由な存在でありたいと思いませんか？

鈴木茂義さんにききました

すずき・しげよしさん
1978年、茨城県生まれ。大学の教育学部で障害児教育を専攻したのち、東京都の小学校教員として採用される。趣味は料理。好きなものは水族館、公園、算数と体育の授業、ビール。男性のパートナーと交際中。14年間の教員生活を経ていったん退職するが、現在は都内の小学校に非常勤講師として勤務。

男子と女子、どちらも好きだった

「将来は学校の先生になりたい」と考えるようになったのは、中学3年生のとき。僕は4人きょうだいの一番上なのですが、経済的に恵まれた家庭ではなかったので高校進学で悩んだんですね。そのときによく相談していた20代の理科の先生が、担任でもないのに、すごく親身に相談に乗ってくれたんです。嫌な顔ひとつせず話を聞いてくれて、「AとBとC、3つの案があるけど、どれがいい?」と僕の意見を尊重しつつ、選択肢を提案してくれた。さらには「なんならうちの実家に下宿してもいいぞ」とまで言ってくれて。それがすごくうれしくて、自分も教師を目指す大きなきっかけになりました。家庭環境はしんどかったけれど、学校が楽しいから頑張れた。友だちにも先生にも恵まれていたと思います。

小学生の頃は、好きな男子と好きな女子、両方いました。僕の場合はどっちかだけ、ということはなくて、いつも複数の好きな人がいたんですね。好きな男の子、好きな女の子、好きな先生、みたいな感じで。男子バスケ部のOくんが好きだけど、女子バスケ部のAちゃんとも付き合いたい、B先生にも触ってみたい、というように。

だから男友だちと好きな子の話になったときは「好きな女の子」の名前を出していました。嘘をついているわけじゃないから、罪悪感はないんですよ。女の子とも6年間、文通をしていましたし。でもやっぱり「同性のOくんやB先生が好き」とは言えなかった。男の子にラブレターを書いて、かたや先生の子にもラブレターを書いて、かたや先生のこともずっと見ている。自分って何なんだろう、とずっと思っていました。今思えば、セクシュアリティが揺れている時期だったんでしょうね。

「ゲイが治るかも」と後輩女子と交際

それが高校まで続いたのですが、次第に性的な対象としては男性により強く惹かれていく自分を感じていました。ちょっと下世話な話なんですけど、高校が男子校だったので教室内でアダルトビデオとかが回ってくるんですよ。それを借りて見てみたら、僕の目が追いかけてしまうのは、女優じゃなくてやっぱり男優のほうなんです。そういう経験を何度も積み重ねていくうちに「やっぱり僕はホモなんだ」という自覚がだんだんと固まっていった気がします。当時の僕はまだ「ゲイ」という言葉もその意味も知らなかったかもしれません。

テレビのバラエティ番組やドラマを通して、「同性愛の人がいる」ということは知っていました。でも自分が生活している場所にはそんな人は誰もいなかったし、当時はインターネットもないから全然リアルじゃなかった。遠い国の話のように感じていました。

大学2年のときに、初めて女の子と付き合ってみたんです。学科の後輩の女の子に告白されたので、「もしかしたらこれでゲイが治るかな」「そっち（異性愛）のメインストリームにいけるかな」と期待して。でも初めてのデートで無理だとわかった。彼女のほうから手をつないできたんですけど、触れられた瞬間、全身に鳥肌が立ってしまって。自分から触れることもできないし、キスなんて絶対に無理。彼女との未来が全然描けなかった。すぐに距離を置いて、彼女から「別れよう」と言い出すように仕向けました。でもそのことが他の後輩たちにも知られて、女子一同から総スカンを食らいました。この先、彼女にまた会う機会があったら、全力で謝りたいですが、そういうことがいちいち全部しんどかった。「なんで自分はこんなことで悩まなきゃいけないんだ」といつも思っていました。

初めてのカミングアウトは女友だちに

ちょうどその時期に、地元の書店で『Badi《バディ》』というゲイ雑誌を見つけたんです。1週間くらい悩んでからようやく買って、ダッシュで帰宅して、穴があくくらい読み込みました。その雑誌に文通欄があったので、そこを使って初めてゲイの人と知り合えたんです。

初対面のときは待ち合わせの段階から緊張で死にそうでした。僕は当時20歳だったんですけど、相手は35歳くらいの会社員の人で、どんな仕事をしているのかとか、好きなタイプはどんな人なのか、とかそんなことをずっと話していた気がします。うれしかったですね。「本当にいたんだ」という自分と同じ生身のゲイの人に出会えた感動で。相手が素敵な人だったので「やっぱり男の人ってかっこいいな」という思いも一層強くなりました。

その出会いに励まされて、初めてカミングアウトもしました。相手は大学の女友だち。何でも言い合える仲だったし、彼女ならきっと僕のことを否定しないでくれるはずと信じていたので、新宿駅の喫茶店で「実は僕、ゲイで男が好きなんだよね」と打ち明けたんです。そうしたら彼女は「そうなんだ」「びっくりしたけど、別にシゲはシゲで変わらないからいいんじゃない」と言ってくれて。彼女とはそのことがきっかけで、それまで以上に何でも話し合えるいい友人になれました。

その後も友人たちには少しずつカミングアウトを済ませていったのですが、あるとき後輩の紹介でジェンダー論が専門の大学の先生にお会いしたんです。焼き鳥屋で一緒に飲みながら、自分のことを話したら「私は今までいろんなゲイの当事者の人に会ってきたけど、あなたぐらいあっけらかんと明るくしている人には初めて会った」と言われたんですね。それを聞いて、とても救われた気持ちになったんです。モヤモヤしていた時期もあったけど、今の自分は明るく振る舞えているんだ、じゃあOKだよね、と思えたので。自分にとっては最高の褒め言葉でした。そこでまた自信がついたし、「ゲイでも大丈夫」と思えるようになった。ひとつの大きな転機でしたね。

教師でいる時間は常に臨戦状態だった

卒業後、2度目の挑戦で採用試験に合格して、念願の小学校教師になることができました。それまでは大人になって学校の先生という職業に就いたら、もう性のことで悩まなくていいかなと思ってたんですよ。でも実際は逆でしたね。先生になってからのほうが、自分がゲイの先生であるという部分を考えることが多かったんです。

たとえば、すごく大変なクラスの担任になったとき。教師として子どもたちに、誠実であれ、素直であれ、正しく生きよう、みたいな説教をする時間が増えるほど、ゲイであることをひた隠しにして生きている自分が苦しかった。子どもたちに本当のことを言いたい気持ちがある一方で、ゲイであることをカミングアウトしたら子どもたちに軽蔑《けいべつ》されるんじゃないか、保護者や教育委員会が騒ぎ出すんじゃないか、という怖さがあって、すごく悩み続けました。やっぱり学校の先生って、同僚からも保護者からも「結婚して、自分の子どもを育ててこそ一人前」という目で見られますから。当時は生徒たちや同僚の先生たちから「結婚してるの?」「彼女はいるの?」と聞かれたときに、どう答えるか、常に想定問答集を心に忍ばせながら生活していましたね。職場の行事や研究発表が終わった後って、打ち上げとかあるじゃないですか。「ちょっとみんなで飲みに行こうよ」っていう、その直前が一番ストレスでしたね。楽しく飲むのは好きなんだけど、本当のことが言えないからいつも気が抜けない。臨戦状態みたいなところがありました。職場でも、自分のセクシュアリティやまわりとの関係性に、常にエネルギーが奪われてしまう。人が仕事で使うエネルギーを100だとしたら、僕の場合は10から20ぐらいはいつもそこに使わざるを得ませんでした。

そういうことが5年、10年と続くと、やっぱりコップに水が溜まっていつか溢《あふ》れ出すように、ストレスが誤魔化しきれない飽《ほう》和《わ》状態にまでなってしまって。教職に就いて14年目のとき、担任していた6年生を送り出したタイミングで、退職という道を選びました。

生徒や保護者の反応

教師を辞めるということを決意した後、「OUT IN JAPAN」というセクシュアル・

マイノリティが被写体となる写真プロジェクトに応募して参加したんです。最後の卒業式の3日前に撮影をして、その3月に退職して、5月頃に僕の写真がネット上にアップされたのですが、卒業生がすぐに僕を見つけて、LINEのグループトークで一気に保護者にも知れ渡ったそうです。

もちろん、自分としては覚悟をもって撮影会に挑んだのですが、実際に子どもや保護者がどんな反応をするのかは怖かった。差別や偏見もあるだろうな、って。でもそれ以上に、「本当の自分をさらけ出して仕事をしたい」という気持ちが強かった。だから僕の教員としての一番大きなカミングアウトは、言葉じゃなくてその写真なんです。

ただ、そのことで一点反省もあって。僕は「伝えたい」という自分の強い思いでカミングアウトしたけど、それに対して子どもたちがどう感じたかを話し合う場を設けられなかったんですね。子どもたちは卒業してしまったし、僕は教師を辞めていたから。きっと子どもたち自身も、聞きたいことはたくさんあると思うんですよ。その対話の場を用意できなかったことは残念に思っています。

それでもカミングアウトした後はいろんな反応がありました。卒業生のある保護者の方から「私たちはシゲ先生が子どもたちとどういうふうに関わってどんな授業をしていたか、保護者の話をどんなふうに聞いてくれたか、もうすでに知っています。あなたは学校の先生として十分に仕事をしてくれていた。だから、先生がゲイでもそうでなくても、そんなことは問題じゃありません」と言ってもらえて、すごくうれしかったですね。その一方で、ある男子のお母さんから「体育の着替えの時間にシゲ先生はそういう目で自分たちの息子を見てたんじゃないかと心配」と言われたときは、やっぱり何とも言えない気持ちになりました。親としてそういう心配をしてしまう気持ちは、わからなくもないですから。

退職後はいったん学校から離れて、学校の外から「性の多様性」についてアプローチできたらいいな、と思っていました。ところが辞めてしばらくしたときに、教育委員会から「非常勤の仕事をやってくれないか」と電話がかかってきて。いったんはお断りしたんですが、その後もまたお願いをされて「やっぱり学校で授業をやりたい」という気持ちがまた湧いてきた。それで非常勤講師として働き始めることを決めました。今は都内の5校を掛け持ちしながら働いています。

「そのままで大丈夫」と伝えていきたい

以前に職場でカミングアウトしたとき、他の先生から「プライベートなことを持ち込まないでほしい」と非難されたことがあるんです。もちろんその先生にもそう言わずにいられない事情があるのかもしれませんが、僕は学校の先生として働いている自分と、ゲイの自分を分けることはできないんです。「ゲイ」の「特別支援専攻」の「シゲ先生」で仕事をしているわけだから、それぞれの要素を切り離してバラバラにはできない。

逆に、僕がゲイとして人生を生きてきたからこそ出会えた人や価値観、教育観が、教員としての僕をかたちづくってきた。だから僕としてはゲイであるという僕のセクシュアリティと、教員としてのアイデンティティは大いに関係している、というふうに思っています。

僕自身もそうだったし、今の子どもたち、

それから親である保護者の方たちも、セクシュアリティについてきちんと学ぶ機会が与えられてこなかった。でもそれなら、今からでも一緒に学んでいけばいいんです。「同性愛とかよくわからない」というなら、今からでもみんなで学んでいきましょう。何かを学ぶことに、遅すぎることなんてありませんから。

今は非常勤という立場で担任は持っていませんが、今後は自分のセクシュアリティをオープンにすることも含めて、子どもたちと一緒に学び合えるような関係をつくっていけたら、と思っています。もしも今、自分のセクシュアリティに悩んでいる小中学生がいたら、まずはその子にいろんな質問をしたいですね。「何をしているときが楽しい?」「困っているのはどんなこと?」って。一口にセクシュアル・マイノリティといっても、置かれている状況は一人ひとり違います。だから目の前のその子が今、どんなことを考えているのかをまず伝えてほしい。悩みがない段階なら、「あなたはそのままで大丈夫」と伝えます。あとは、「こういう方法なら同じような人に出会えるよ」という提案もするかもしれません。なぜなら10代の僕自身が、誰かにそう言ってほしかったから。ゲイの友だちがほしかったし、好きな男子の話で盛り上がりたかったな、と今でも思いますから。

両性愛

同性、異性の両方を好きになる人。「バイセクシュアル」ともいう。

全性愛

恋愛対象として、同性、異性、どちらともいえない人も、シスジェンダー、トランスジェンダーも関係なく好きになる人。「パンセクシュアル」ともいう。

無性愛

恋愛感情や性的欲望をもたない人。「アセクシュアル」ともいう。

レズビアン

性自認が女性で、女性を恋愛対象とする人。「レズ」という省略形は差別的に聞こえるので、使わないほうがよい。

ゲイ

性自認が男性で、男性を恋愛対象とする人。

LGBT

レズビアン、ゲイ、バイセクシュアル、トランスジェンダーの頭文字をつなげたもの。LGBTにくくれないセクシュアル・マイノリティを含むLGBTQ+、LGBTsという呼称もある。

カミングアウト

自分のセクシュアリティについて他の人に話して、良い関係をつくろうとすること。

セクシュアル・マイノリティ

社会のなかで少数派のセクシュアリティをもつ人々のこと。「性的マイノリティ」ともいう。

アライ

セクシュアル・マイノリティ当事者ではないが、差別問題を自分の問題として理解し、行動する人。

用語集

この本に載せている、「性」について語るときの用語をまとめました。この用語集は、いろいろな性のあり方をあらわす、ほんの一部にすぎません。また、ここで挙げた定義にぴったりあてはまらないという人もいます。性のあり方を考える手助けのひとつとして、使ってください。

セクシュアリティ

人間の性のあり方。

シスジェンダー

性自認に対して、体の性別に違和感がない人。心の性と体の性が合っていると感じる人。

トランスジェンダー

性自認に対して体の性別に違和感がある人。生まれたときの体の性別や戸籍の性別とは異なる性別で生きたい／生きる人。

性同一性障害

トランスジェンダーのなかで「医療的な支援を必要とする人たち」をさす医学用語。ＧＩＤ（Gender Identity Disorder）ともいう。世界保健機関（WHO）は2018年に疾病分類の「障害」の枠組みから外し、日本でも「性別不合」などへの名称変更が議論されている。

異性愛

性自認と違う性の人を好きになる人。「ヘテロセクシュアル」ともいう。

同性愛

性自認と同じ性の人を好きになる人。「ホモセクシュアル」ともいう。「ホモ」という省略形は差別的に聞こえるので、使わないほうがよい。

第2章

誰かを「好き」になるってどういうこと?

1

恋愛感情ってなんだろう？

――性にはいろいろなかたちがあるってことはわかったけど、じゃあ異性《いせい》を好きになるばかりが恋愛じゃないってことだよね。同性を好きになることも、同性《どうせい》も異性も好きになることもある。そうなると恋愛感情ってなんだろう？

いい質問ですね。誰《だれ》かを好きになる気持ちってどういうものなんでしょうね。みなさんはどう思いますか？　恋愛感情って、どんな気持ちですか？　ここ（91ページ）に書き出してみましょうか。誰かを好きになったり、お付き合いしたりしているときの気持ちとか。無性愛《むせいあい》（アセクシュアル）の人はこの話題には乗りにくいかもしれないですね。

――いざ書き出してみてって言われると、けっこう難しいかも。好きは好きだから、説明できないいんだもん。でもさ、同性愛の人は、同性の友だちと、同性の好きな人、

好きになるってどんな気持ち？

恋人がいるってことだよね？　その違いってどんな感じなのかな。

それもいい質問ですね。友情と恋愛感情の違いってことかな。じゃあ、またみんなに質問してみますね。

異性愛の人はどうですか？　異性愛の人は、すべての異性を好きになるのかな？

――……違う。

そうですよね。いい友だちになれる異性もいれば、恋愛感情を抱《いだ》く異性もいる。その違いはなんでしょう？

――うーん……線引きは自分でもわからないかも。でもやっぱり好きなタイプっていうのはあるよね。

好きな人のタイプの範囲《はんい》が広い人もいれば、狭い人もいて、「理想が高い」とか言われたりする人もいますよね（笑）。

じゃあ、あなたはどんな人が好き？　お付き合いしたいな、と思う相手の条件に何を一番に求める？　見た目？　性格？　趣味が合うかどうか？

——えー、一番を決めるのは難しいよ。やっぱり性格、相性《あいしょう》が一番かなって思うけど……。

——見た目もはずせなくない？

何が一番なんて、人によって違うし、一番なんて決められないぐらいに、「好き」の気持ちにはいろんなことが関係していますよね。たとえば、まずは見た目に惹《ひ》かれてから、その人の内面にも関心が出てきて好きになっていくこともあれば、最初は全然意識してなかったのに、何か一緒に作業をしたときに、その人の良さが見えて、急に気になりだしたり。

じゃあ、どういう見た目の人が好き？

——私は、あんまりたくましすぎないで、美しくてかっこいい人（笑）。

なるほど（笑）。じゃあ、その「美しい」とか「かっこいい」ってどういうことだろう？

――「美しい」は、シュッとして美形の……。説明が難しい！

友だちが「かっこいい」と言う人に対して、「私はタイプじゃないな」と思うこともあるでしょう？　「美しい」も「かっこいい」も自分の基準《きじゅん》だよね。

――確かに。一人ひとり、基準は違うもんね。

同じように、好きになる気持ちも人それぞれ。「自分は見た目よりも中身重視《じゅうし》」っていう人もいます。

じゃあその「中身」は、具体的にどういうことだろう？

――えっと、「やさしい」とか。

じゃあまた突《つ》っ込んで聞きますよ。その「やさしい」って、どういうこと？　なんでもあなたの代わりにやってくれるやさしさ？　一緒に歩いているときに「カバン持ってやるよ」と言ってくれるやさしさ？　ご飯をつくってくれるやさしさ？　ちゃんと対等に向き合って話し合おうとしてくれるやさしさ？　自分のことを心配して行動を監視《かんし》してくれるやさしさ？

――えー、最後のは「やさしさ」じゃなくない？

するどい！　そう、「やさしさ」じゃないかもしれないですね。「やさしさ」と一言で言っても、その中身は実はさまざまな事柄《ことがら》が含まれていて、人によって「やさしさ」の定義も違うかもしれないし。

さっきみんなで話した「男らしい」「女らしい」もそうですよね。もしもあなたが「男らしい人が好き」と思っているのなら、その男らしさは具体的にどういうものなのか、言葉にしてみるといいかもしれないですよ。力が強い人が好き、いつもおごってくれる人が好き、デートのプランを立ててくれる人が好き、リードしてくれる人が好き……。「〜らしい」という言葉を使わずに考えてみると、自分がどういう人を好きになるのかが、もっとしっかり見えてきます。そうやって言葉にしてみたら、あれ？　そんな人が好きなんだったっけ？　って、自分を見つめ直すきっかけになるかもしれません。

――……もしかしたら、そういう「らしさ」のイメージで好きになったこと、あるかもしれない。

誰かを好きになったら、一度そんなふうに「なぜ好きなんだろう」って考えてみるのはどうでしょう。好きな人が異性であっても同性であっても、「好きになる気持ちはみんな同じ」なんてくくりきれないかもしれませんよ。

2 「付き合っているんだからセックスしよう」と言われたら

じゃあ、またみなさんに質問してみます。友だちと恋人の違いはなんだろう？

――それも難しいね。恋人はやっぱり特別な存在かな。一番に優先《ゆうせん》したいとか。

――あー、わかる。でもいつでも一番ってわけでもないかな。友だちを優先したいときもあるし。

――それもある！　でも一番大事な存在かな。

――えー、親友の方が大切かも。

友だちと恋人との線引きを言葉にしようとすると、とても難しいですね。今、話してもらっただけでも、みんなで共通の線引きはできなそうですし。

一緒に遊びたい、楽しいことを共有したい、悩みごとを相談したい。友だちも恋人もそういった部分ではあまり変わりないかもしれません。

恋人に対しては、「ふたりだけで会いたい」「会えないと寂しい。もっと一緒にいたい」という感情が強く湧《わ》いてきたりするだろうし、親友にもそういう気持ちが湧くかもしれません。もちろん、恋人とも親友ともずっと一緒にいるのは窮屈《きゅうくつ》だ、ひとりの時間が大切だっていう人もいますよね。

たとえば、きれいな景色を見たとき。「あの人と一緒に見たいな」とぱっと頭に浮かんでくるような相手が、きっとあなたにとって大切な人かもしれない。おいしいものを食べたときに、「今度あの人と一緒に食べに来たいな」とか。

あとはもちろんスキンシップをしたいという欲望《よくぼう》もありますよね。恋愛感情を持った相手に対して、「手をつなぎたい」「キスしたい」「セックスしてみたい」という気持ちが湧《わ》き上がることもあります。お互《たが》いの体が触《ふ》れ合うと、すごく親密になれる感じがしますよね。

――恥ずかしいけど触《さわ》ってみたい。触ってみたいけど、恥ずかしい、って気持ちはある……かも。

そういった親密な感情をお互いが共有できたら、とてもうれしいことですよね。

――でもスキンシップしたいっていうことだけが、恋人と親友の違いではない気がする。それだけだと、さびしい。

自分っていう存在は、心も体も全部ひっくるめて「自分」だもんね。性のことでも、性自認《じにん》という「心の性」を尊重《そんちょう》してほしい人が多いように、自分自身についても、外見だけじゃなくて、内面、「心」を一番に尊重して好きでいてほしいという気持ちは強いかもしれませんね。

――うん。やっぱり、中身だよね。

――えー、それはわかるんだけどさ、外見でキュンとくることもあるじゃん。あるでしょ？

――そりゃあるよ。でもさ、外見だけで恋人に選んだら、失敗するって。逆に自分が外見だけで選ばれてたらどう？

――それヤダ。

――でしょ。

――でも、やっぱり、外見もスキンシップも大事！

――わかった、わかった。「も」だよね。

そう、いろんな部分が大事になってくるよね。だって恋人にしたいぐらい大事な人なんだから。同じように、相手にも、自分のことを大事に思ってほしいですよね。

じゃあ、その恋人から「付き合ってるんだからセックスしよう」って言われたらどうします？　もちろんこれは異性間《かん》であるか、同性間であるかは問いませんよ。

――自分はうれしくてOKしちゃう。

――その気持ちもあるけど、時と場合によるかな。したくないときもあるだろうし。

そういうときも、あるよね。付き合ってるからといって、セックスしなくちゃいけないわけではないし、相手を大事に思ってるからこそセックスしないというときだってあると思いますよ。

だから、セックスなどの親密なスキンシップはお互《たが》いの合意がなければダメなもの、ということは絶対に覚えておいてほしいこと。「付き合っているんだからセックスをしてい い」という乱暴な話ではありません。もしかしたら、大好きな人からキスしよう、セックスしようと言われたときに、自分はまだしたくないいんだけど、大好きな人からの要望《ようぼう》を断《ことわ》ったら振《ふ》られるかもしれないと心配になって、キスやセックスに応じてしまう人もいるかもしれません。でも、「好き」を理由に相手にキスやセックスを強要《きょうよう》するのは「性暴力」です。だから「付き合ってるんだから（キスやセックスしても）いいよね？」なんていうのは、もってのほか！　絶対に、お互いの気持ちを尊重することを大切にしてください。

――でも、好きな人からのお願いだったら従っちゃうかも……。

そういうときもあるかもしれませんね。大好きな人から言われたら「そうかな」って思ってしまうことは、よくあります。嫌われたくないし。でも、相手の言う通りにしないと嫌われちゃうかもしれないっていう不安って、なんだろう？　「従う」っていうのは、対等なお付き合いなんだろうか。もしかしたら、ありのままのあなたを尊重してもらえてないっていうことかもしれませんよ。

――そうかもしれない。なんとなく「従う」って言葉を使っちゃったけど、もしかしたら相手に支配されちゃう寸前《すんぜん》だったのかも。

お付き合いしていて、「それは嫌《いや》だ」「したくない」と安心して断ることができる関係が理想です。もし少しでも「振られちゃったらイヤだな」とか「相手に悪いかな?」という思いがよぎって、断れなかったら、それは今のふたりは対等な関係になれていないということです。そんなときは無理して進まずに、立ち止まったり、他の人に相談したりする勇気が必要ですよ。

――恥ずかしくて友だちに言えない……。親にはもっと無理だし。

そういうときは、学校の保健室にいる先生(養《よう》護教諭《ごきょうゆ》)に相談してみたらどうかな?
同じような悩みを抱えてきた、みんなのお兄さんやお姉さんの相談に乗ってきているから、どうすればいいか力になってくれますよ。

――先生の話を聞いて、キスやセックスを強制してはいけないってことはわかった。だけど、付き合っている子にはぼくの好みの髪型《かみがた》や服装にしてほしい、っていう気持ちがあるんだけど……それぐらいはいいよね？

――えー、それってキモくない？　だって、自分の好みの外見になれってことでしょ？　私のどこを見てるの？　って思っちゃう。

そのお付き合いしてる人の何を好きになったの？　って気になってしまいますよね。相手の髪型が変わったら、服装が変わったら好きじゃなくなってしまうのかな？　自分の思い通りの格好《かっこう》をしてくれなかったら好きじゃなくなってしまうのかな？

自分の着てみたい服、したい髪型、好きな趣味《しゅみ》。そういうものを否定されるのは、やっぱり嫌じゃありませんか？　趣味嗜好《しこう》が違っていても尊重し合ってほしい。自分の理想像を大切にすることは悪いことではないですが、それを相手に押しつけてしまうと、関係が長くは続かなくなってしまうかも。

――そうだね。自分のことを大事にしてくれていない、って思っちゃうもんね。

――でも、好きになっちゃうとどうしてもその人のことしか見えなくなっちゃうことがよくある。勉強もだけど、友だちのことも、正直どうでもよくなっちゃうことがあるんだけど。

特にお付き合いし始めたときは、ふたりでいる時間はとても大切で、できるだけ一緒に過ごす時間をつくりたくなりますよね。それまでは友だちとそういった時間を過ごしてきたけど、恋人との時間を増やそうとすると、友だちとの時間は少なくなってしまいますよね。友だちも「ラブラブでいいね！」と温かく見守ってくれると思いますよ。

でも限度《げんど》が過ぎると、少しずつ友だちの気持ちが変わってくるかもしれません。いつも恋人優先。その恋人も一度紹介してくれたっきり。そうなると、友だちだと思ってきたけど、だんだんその気持ちも冷《さ》めてきちゃう。

恋人といい関係でいられるときは、それでもいいんだけど、恋人との関係で心配事があったときや、悩みがあるとき、もしくは別れてしまったときに大変なことが起こってしまいます。いざというときに誰にも相談できなくなってしまっているかもしれません。

――それヤバイ。相談されても「都合のいいときだけ友だちヅラしないで」とか思っちゃうかも。

相談できる友だちの存在は、ありがたいですよね。もちろん相談するのは友だちじゃなくて、先生とか家族とか外部の相談機関とかでもいいんですよ。

何よりも、友だちに自分の恋人、パートナーを紹介できるような関係性を築《きず》いたほうが、みんながハッピーになれるはず。紹介してもらった友だちもうれしいし、紹介してもらえるパートナーもうれしくなるかも。

――みんなに秘密にして、ふたりだけの時間を楽しみたいっていう気持ちもあったけど、お互いに関係が広がっていくっていうのも、悪くないね。

同性の恋人だと、なかなか友だちに紹介しづらかったり、「変なことを言われちゃうかもしれない」と心配になったりするかもしれません。ただ、やっぱりそれはさみしい。同性でも異性でも、大切なパートナーは大切な友だちに安心して紹介できるようになりたい。誰かとお付き合いをするって、大人になっても難しいことですから。

――「ぼくの彼氏です」とか「私の恋人です」って友だちに紹介してもらえたらうれしいよね。

ところでみんな、ドメスティックバイオレンス（DV）って聞いたことある？

――夫婦のあいだで暴力を振《ふ》るわれることだよね。

そう。ドメスティック（domestic）は「家庭内の」という意味を持つので、本来はそういった「家庭内暴力」として訳されていました。ところが最近になって「デートDV」という言葉がよく聞かれるようになりました。知っていますか？

――知らない。デートしてるときに起こる家庭内暴力？

うーん、惜《お》しい！（笑）デートDVは、恋人同士のあいだで起きる暴力のこと。結婚している夫婦だけじゃなくて、結婚していない恋人間でも暴力が起こっていることにも注目してほしいということで、「デートDV」という言葉が使われるようになりました。

交際している相手から殴《なぐ》られたり蹴《け》られたりっていう身体的な暴力を振るわれることもそうですが、それだけが「暴力」ではないんですよ。服装について細かくチェックしたり、友だちと話したりしていると不機嫌《ふきげん》になってみせたり、無理やり体に触ったり、セックスを迫ったり、性的な画像や動画を勝手にSNSとかにアップしたりするのもすべて「暴力」なんです。

――じゃあ、さっき話してたことも、暴力なんだ！

そうなんです。実は「男は〜すべき」「女は〜であるべき」という性別役割とデートDVは、すごく関わりが深い。「付き合ってるんだからセックスしていいだろう」「男の人がリードしてくれるのが普通《ふつう》」といった思い込み、こだわりを持っていると、ついその役割に相手を従わせようという心理が働いてしまう。同性カップルも、同じです。そういう「〜らしさ」の縛《しば》りにとらわれてしまわないように、すべての人が気をつけなければならない。誰を好きになっても、その人と対等で平等な関係を築けるようになるのが理想ですよね。

――まだ付き合った経験がないからかもしれないけど、もしお付き合いするようになったらデートだけじゃなくて、手をつないだり、キスしたり、その人に触れてみたいって気持ちはすごくある。でも、それが、「あの人とだからキスしたい」のか、「単にキスをしてみたい」なのか、自分でもよくわからなくなるときもある。

なるほど、そうですよね。その行為《こうい》自体にも、興味がありますよね。そこは難しいところです。相手の体に触れたい、キスやセックスをしたいという欲望が湧いてきたときに、その人だからそんな気持ちが湧いてきたのか、単にそういった行為をしたいだけなのか。両者は違うものですが、どういった違いなのか、その瞬間の気持ちがどういうものなのか、大人でもよくわかっていないかもしれない。

でもここで重要なのは、どちらの気持ちであっても、相手に触れる際は、相手との対等な関係のなかでの合意が必要だということ。

きちんとお互いの話し合いによる合意の上で、恋愛感情があるなかでのセックスもあれば、恋愛感情はないけれどもセックスをすることもあります。セックスをしたから恋愛感情が芽生《めば》えることもあれば、セックスをしても恋愛感情が芽生えないこともあります。恋愛感情があるからこそセックスをしない、という選択肢《せんたくし》だってあります。

――なんだか複雑。好きな相手とはわかるけど、好きじゃない相手とも、できるんだ……。

世間ではよく、「セックスは本当に好きな相手とだけするもの」「愛のあるセックスがいい」という言われ方をしますよね。でも私は、ちゃんとお互いが対等に話し合いをして合意ができたなら、恋愛感情のないセックスをすることもあると思います。

もちろん、セックスをするに当たっては、「コンドームで性感染症《かんせんしょう》予防をちゃんとする」「子どもをつくらない場合は必ず低用量ピルやコンドームで避妊《ひにん》をする」「嫌な行為はちゃんと嫌と言う」「性暴力はしない」といった当然の約束をすることが必要です。こういった約束をするには、お互いが対等で信頼関係がないと難しいので、そういう部分では、「お付き合いをしている」という関係のほうがちゃんとした話し合いができるのではないかと思います。だって、会ったばかりの人や、お酒で酔《よ》っぱらってる人とは、口では約束をしたとしても、ちゃんとその約束を守ってくれるかどうか不安ですよね。特に密室空間では危険な目にあうリスクも高まります。そんな不安があるなかでは、お互いに安心して楽しむことはできませんよね。

——うーん。でも、やっぱり自分は愛のないセックスって嫌だな。

——うん、それはそれでいいんじゃない？

3 恋バナってみんなの共通話題？

さて、ここまでの話は、無性愛の人にはあまり興味がなかったかもしれませんね。

——無性愛って恋愛感情が湧かない人ってことだよね。誰も好きにもならないし、セックスにも興味がないってこと？

人によってそれぞれ違うそうです。言い方もいろいろあって、恋愛感情を持たないし、性的欲求にも興味がないことを「無性愛」という人もいれば、恋愛はするけど性的欲求はない「非性愛《ひせいあい》（ノンセクシュアル）」という人もいます。

――じゃあ恋バナはできないんだ。

ほとんどの人は「恋愛は誰もがするもの」という前提で話をしますよね。でもそうなると、恋愛感情を持たない無性愛の人は、みんなが乗っている恋バナに自分だけ乗れなかったりする。「お前、変なんじゃない？」と言われて傷つくこともあるかもしれません。恋愛に関心を持つ人はもちろん大勢いますが、持たない人もいるよね、ということは頭に入れておいてほしいかな。恋愛感情がわからないっていう立場から恋バナに参加することもできますよね。

もうひとつ、「彼氏」「彼女」っていう言葉も気をつけたいですね。

――もう、わかってきたよ。男友だちにできた恋人が「彼女」とは限らないし、「彼

氏」かもしれないっていうことでしょ？

そう。たとえば、女友だちから「恋人ができた！」という報告を受けたとしましょう。あなたは「おめでとー！　彼氏、どんな人なの？」といったような質問をするかもしれない。

――あー。それだと「彼女」だった場合、苦しい気持ちになるかもね。付き合っている相手が女だってことも、言い出せないかも。

――でもさ、いきなり「それって彼氏？　彼女？」とも聞きにくくない？

――確かに。まだカミングアウトしていなかったら焦《あせ》るだろうね。

「恋人」とか「パートナー」といった言葉もありますが、日頃から、異性愛でも同性愛でも、それ以外でもOKというふうに話していれば、同性の恋人ができたときにもすんなりと紹介できるかもしれませんね。恋バナをするときは、誰かを疎外《そがい》することなく、みんなで楽しく話ができたらいいですよね。

――「好き」っていう気持ちは、相手が異性でも同性も、ほとんど違わないってことなんじゃない？

お、いい質問ですね。みなさんはどう思う？

――そうとも言えるし、そうとも言えないって感じかな。キュンとくる気持ちは同じかもしれないけど、どこにキュンとするのかって、人によって違うじゃん。

――わかる！　私は友だちから趣味悪いって言われるけど、私はそういうタイプが好きなんだもん。

そうですね。さっきもちょっと話に出たけど、そもそも「異性が好き」という気持ちだって、きっと「異性が好き」グループの人たち全員が同じ気持ちというわけではないですよね。他人のどんなところを好きになるか、ときめくかは、人それぞれでしょう。振り返ったときの横顔が好きだとか、くしゃくしゃになる笑顔が好きとか、ツンと澄《す》ました表情が好きとか、重いものを持ち上げてくれたときの腕の血管が素敵《すてき》だとか。

――うん。好きな人のどこにキュンとくるかって全然違う。しかも自分のなかでポイントが変わることもある。

それに容姿《ようし》や表情、仕草《しぐさ》を好きになっても、その人とお付き合いするにつれて、今度は合《あ》う・合わないっていう問題が出てきますよね。

――性格が合う、合わない、とか？

性格もそうだし、何を大切だと思うか、何を好《この》ましくないと思うか、といった価値観と呼ばれるものもそう。相手のことが好きでも、合う・合わないは、また別の話なんです。付き合うことでわかることもあるし。

そもそも、「付き合う」ってなんだか面白《おもしろ》い言い方だと思いませんか？　何に、どこへ付き合うんだ？　って（笑）。

——あ、言われてみればそうかも。

私の知人で外国人の女性を好きになった日本人の女性がいるんです。相手は日本語がある程度理解できたので、あるとき彼女が思い切って「私と付き合って」と言ったら「何に付き合うの?」と聞き返されてしまったそうなんです。みなさんが彼女の立場だったらどう答えますか? 何に付き合うのか、と改めて問われてしまったら?

——ええっと、部活が終わった後に一緒に帰るとか、週末のお出かけに一緒に付き合ってほしい、とか……?

——えー、それが「付き合う」ってことなの? もっと深くない?

難しいですよね。私も、咄嗟《とっさ》に答えることはできないかもしれません。ちなみに告白したその彼女は「私の人生に付き合ってください」と言ったそうなんです。答えはOKで、ふたりは無事お付き合いを始めました。

――すごい！「私の人生に付き合ってください」なんて咄嗟に出てこないよね。

――でも、ぼくだったら「お互いの人生に付き合う」って感じかな。

「付き合う」という言葉の意味は、面白いですよね。すごく親密で近い距離《きより》で一緒にふたりの人生をつくっていく。人がパートナーに求めるものはそういうことなのかもしれないですよね。

異性愛者だからこう、同性愛者だからこう、ということではなくて、相手に何を求めるかという価値観は、むしろ個々人《ここじん》で大きく違うと思います。

――そういうのがぴったり来るのが運命の人だったりするのかなぁ。自分にもいつかそんな人が現われるのかな？

さあ、どうでしょう（笑）。「運命の人」という言葉もよく使われますが、運命的に決まった人がいるわけじゃないし、探して見つかるものでもありません。いろんな出会いのなかで、こつこつとつくっていく関係かもしれませんよね。もちろん、必ずしもパートナーがいなければいけないということでもない。私のまわりでは、パートナーがいないシングルの人で、趣味や仕事に打ち込んで、友だちとの時間を大切にして、人生を思いっきり楽しんでいる人がたくさんいます。自分にとってより良い生き方、ライフスタイルは、多くの人と違うかもしれないから、「みんな」に合わせることはないんですよ。

4 ＢＬ《ボーイズラブ》を好きってダメですか？

——くだらない質問してもいい？　私はＢＬ《ボーイズラブ》が好きなんだけど、ゲイの人たちから見たらどうなんだろう。あんまりいい気持ちはしないのかな？

いい質問ですよ。ぜんぜんくだらなくない。

ＢＬ、つまり男の子と男の子の恋愛を描いたマンガや小説、アニメ作品のことですね。

ＢＬの世界でもそのときどきで流行はあると思いますが、昔から多いのは、美形の男性ふたりによる禁断《きんだん》の恋、という描《えが》かれ方です。禁断だからこそスリリングだし、これこそが真の愛である、という描かれ方が主流になっている。

でも、そういうカップル像やストーリーって、男性同士のカップルを描くという意味では、やっぱり一面的かもしれない。

当たり前ですが、現実の世界にはいろんな男性のカップルがいます。体格のいいマッチョ同士のカップルもいれば、マッチョな人と痩《や》せている人のカップル、太っている人と痩せている人、年齢差があるカップル、同世代のカップルといろいろある。

それにけっして「禁断」ではないですよね。これまで話してきたように、社会的にはまだ困難なことはあるけど、「禁断」って表現されるほどにコソコソとしているわけでもない。だからBLに描かれている世界がすべてだ、と思ってしまうのは偏見《へんけん》になってしまうかもしれませんね。

――BL好きの女子って意外と多いよね。男子の自分から見るとわかんないけど。

ゲイの人にも、BL作品が好きな人はいますよ。もちろん、全然興味がない人もいます。異性愛の男性で好きな人も、いるかもしれません。女性でBLが好き、という人は多いように思うし、そのなかでも異性愛の女性の割合は多いかもしれませんね。
なぜかというと、男女が互いを好きになる異性愛のマンガだと、男女格差《かくさ》というものが所々《ところどころ》に描かれることがある。男性が権力を持っていて女性がそれに従わなくちゃいけないとか、男性が女性を性暴力で支配するとか、そういうことが描かれていたりする。女性がそういうものを読むのは、精神的につらいですよね。

――しんどい。楽しみたいからマンガを読むのに。

女性である自分が関係してこない男性同士のラブストーリーなら、そういった男女間のモヤモヤを気にすることなく、恋愛や性的なストーリーを安心して楽しむことができる。異性愛の女性にBLを好む人が多いのは、そういう理由も関係しているかもしれませんね。もちろん性暴力が描かれているBL作品も存在していますが……。

――じゃあBLが好きっていうのは、性的指向の問題だけじゃないんだね。

いろんなセクシュアリティの人たちがBLをつくったり読んだりしています。純粋にフイクションとして物語を楽しんでいる人もいるでしょう。BLのタイプも広がっているようですから。自分の存在が押し殺されることなく、キャラクターの喜怒哀楽《きどあいらく》に共感できる作品がいいですよね。

5 学校は、意外と不便で不自由

恋愛の話はひとまず置いて、ここからは学校のなかで「普通」とされていることに目を向けてみましょうか。

中学生のみなさんには、学校のなかだからこその生きづらさというものもきっとありますよね。たとえば、学校で、性別で分けられているものは何がありますか。

――トイレ、更衣室《こうい》、あとは体育の時間とか。

うん、それらはどの学校でも男女別ですよね。あとはクラスの係も、「保健係は女子」

のように男女で求められやすい係もあります。名簿《めいぼ》はどうかな？　男女混合の名簿のところもあれば、男女別で、しかも男子が先、女子が後っていう名簿を使っているところもあると思います。たとえば、名簿は男女混合でも、全校集会で体育館に並ぶときは男女別の背の順だったりしますか？

――うちの学校は、そうだよ。

じゃあ、また質問します。なんで男女別に並ぶの？

――え……それも考えたことない。今度先生に聞いてみようかな。

先生も考えたことないかもしれませんよ。

――え⁉　そうなの⁉

ぜひ聞いてみてください。

あとは、小学生のころだったら他にももっとありますよね。名前シールや配布される紙の色が、男子が青や緑で女子が赤やピンクということもあったでしょう。でもね、そういう性別であてがわれる役割に違和感《いわかん》を覚えたことがある人もきっといるはずなんです。

——それはトランスジェンダーの人とか？

トランスジェンダーの人は特にそういう生きづらさを感じる場面は多いのかもしれませんね。自分で思っている性とは違う性を学校内では求められる、という場合を考えると。でもシスジェンダーの人のなかにも「なんだか変だなあ」と感じたことのある人はいるはずですよ。

——うん、私は青のほうが好きだったのに、女子だからってだけで赤とかピンクを配られたりした。

他にも、たとえば、「はい男子〜、机《つくえ》を運んで〜。女子の何人か、こっちで受付係やって〜」とか先生に言われたり。「力仕事は男子の仕事」と思われていますが、あまり力のない男子だってたくさんいますよね。逆に腕力《わんりょく》に自信があるのに、細かい作業を求められて苦痛だという女子だって絶対にいるはず。そんなふうに「男」と「女」で振《ふ》り分けられることが嫌だ、と感じている人は少なくないのではないでしょうか。シスジェンダーでもトランスジェンダーでも。

——私は女だけどショートカットだし、パンツスタイルのほうが好き。だから中学生になってがっかり。スカートをはいていると自分じゃないみたいに感じる。

制服もそうですよね。男子は学ランかブレザーにネクタイ、ズボン。女子はリボンとスカート、セーラー服と性別で決められています。でも最近は性別問わずにいろいろな組み合わせを選べる学校も増えてきました。トランスジェンダーでもシスジェンダーでも、自分の好みでスカートかパンツか、またはそれ以外かを選べるような、たくさんの選択肢があればいいですよね。もちろんどれを選んでもいじめられないということが前提です。

トイレだってそう。女子トイレはみんな個室ですけど、なぜ男子トイレは違うんでしょう。男子の小便器は隣《となり》の人が見えちゃったりするんですよ。「見られたくない」と思う男子もいっぱいいるのに、見られやすい構造になっている。男子だって全部、個室にすればいいのに。そのほうが「男子は学校でウンコをするのが恥ずかしい」という問題だって解決できるはずですよね。

――男子って大変だね……。

更衣室も、セクシュアリティの問題以外にもいろんな理由で「他の人に着替えを見られたくない」という場合だってありますよね。そういうときは男子更衣室、女子更衣室それぞれに個室スペースがあるといいと思います。

――あー、それはほしい。なんかさ、女子同士ならいいだろう、男子同士ならいいだろうって大きくくくりすぎなことってあるよね。もうちょっと個人に気を配ってほしい。

健康診断もそう。男子全員がいっぺんに上半身だけ裸《はだか》にされるのではなく、男女混合の名簿順に並んで、個室のお医者さんの前でひとりずつ服を脱《ぬ》ぐようにするとか、事前に先生に相談してみんなとは別に受けさせてもらうとか、そういう個々人の事情にもっと配慮《はいりょ》した仕組みになるといいな、と思っています。大人の健康診断では、結構そうなっていたりすることもあるんですよ。

――でもさ、ひとりだけ別にされると、かえって目立っちゃって恥《は》ずかしいかも。あと「ひいき」してるって、言われそう。

――わかる。「ずるい」とか言われたり。

――「みんなで一緒」を強制させられるのって、なんなんだろうね。多くの人が嫌だって思ってても、みんな我慢《がまん》してるんだからって。

――そうなんだけどさ、「みんなで一緒」から抜けるって、結構《けっこう》勇気いるよね。

「みんなで一緒」からなかなか抜けられない気持ち、よくわかります。「みんなで一緒」を強制させられることを「同調圧力《どうちょうあつりょく》（ピアプレッシャー）」と言うんだけど、いろんな場面でありますよね。セクシュアリティのことだけではなく、その他のことも含めて、人ってみんな違うよねっていうところから考えはじめられればいいですよね。

――そういえば、男女で髪形の校則も違うって話もそうだよね。

そうですね。男女とも髪が目にかからないようにするとともに、男子は髪が耳にかからないようにすること、女子は肩にかかったら結ぶこと。しかも髪を結ぶゴムの色も指定されていたりします。

トランスジェンダーの人、特に男性として生まれ、女性として生きたいというトランスジェンダーの場合、自分の性自認に合った髪型をしたいと思うことがありますよね。いま文部科学省は、トランスジェンダーの生徒からそういった相談があったら、校則を一律《いちりつ》に適用するのではなく、個別に配慮することを、各学校に求めています。

でもね、みんなにはもうちょっと深く考えてほしいんです。そもそも男女で異なる髪形の校則ってなんであるんでしょう？　目にかからないようにすることと長い髪を結ぶことは、髪が目に入ったり、長い髪の毛が手元を暗くしてしまい、視力が低下してしまうことを防ぐといった理由が考えられますが、男子が耳にかかったら切らなければいけないというのはなんででしょう？

――「男らしさ」とか？　髪の毛が短い方が「男らしい」とか。

――めっちゃ「男らしい」ロン毛のプロレスラーもいるよ（笑）。

――髪長い男の先生もいるじゃん（笑）。

不思議ですよね。たぶん学校の先生でも、ちゃんと理由を言える人はほとんどいないんじゃないでしょうか。もし健康のことを考えているのであれば、性別問わずに長かったら結んで、毛先が目に入ったり、手元が暗くなったりしないようにしましょう、っていうことでいいと思うんです。成長期は頭皮《とうひ》にダメージを与えるカラーリングやパーマはしないようにするとか。

――なるほど。それじゃ、さっき言ってた、もともと茶髪の人に黒染《くろぞ》めさせるのも問題だよね。

大きな問題ですよ。「日本人なら黒髪」とかありえないですし。「日本人」のなかにもいろんな人種や民族の人、いろんな体質の人がいます。

さっきの全校集会のときに男女別で並ぶという慣習についても同じことが言えます。全校集会の目的を考えたときに、そこに男女別で並ぶ理由って、よくわからないんですよね。でも、学校の先生も子どもだったときからずっとそうやってきたから、そうやって並ぶものなんだと思い込んでしまって、その理由を考えるということもしてこなかったんですよ。それぐらい「普通」のことだったたっていうことです。

――運動部のマネージャーに女子が多いのも関係あるかな？

洗濯《せんたく》や準備や片付け、食事を用意するといったケアをしてあげるのは女性の役割という認識《にんしき》が社会にあるんですよね。男子だってマネージメントできる人、したい人がいるはずなのに。これは女子マネージャーが悪いという話ではなくて、暗黙《あんもく》のルールで「女子の係」と決めつけられていることが不自然だという話です。

この他にも、小学生がかぶる黄色い通学帽《つうがくぼう》ってありますよね。その通学帽が男女で違う学校があります。男子は前だけにツバがあるキャップ型で、女子は周囲にツバがあるハット型のように。そういった帽子を使っていたある学校で、トランスジェンダーの子が、自分の性自認に合わせた帽子をかぶると、他の子どもたちからいじめられてしまうかもしれないので、みんなでハット型に統一しましょう、と決めました。この配慮の方法について、いいねと思う人もいると思います。

――うん、いい学校じゃんって思った。問題あるの？

私は、ちょっと待って、と思いました。誰でも自分のかぶりたい帽子を自分で選んだ方がいいんじゃないか、自分のかぶりたい帽子を選んでもいじめられないという支援のほうが必要なのではないかと。性別で分けずにみんな同じものを使うというように統一すれば、いじめられなくなるし、それも一つの方法だとは思います。でも、それだといじめの構造を隠してしまうだけなんです。みんな同じならいじめられない、つまり、違ったらいじめられるということの裏返しですから。

私たちは一人ひとりがすごく個性《こせい》的だし、社会からも「個性が大事」と言われて育ってきた。だからこそ自分のかぶりたい帽子をかぶってもいじめられない関係性をつくることのほうが本当は大切なんです。中学の制服も同じ。自分の着たい制服を選べるほうがいいと思いませんか？　シールの色も「男が青、女が赤という決めつけはダメだから両方とも黄色にしましょう」ではなく、「5色用意しました。はい、みんな何色がいい？」と自由に選べたほうがいいですよね。選択肢を減らす方向ではなく、選択肢を増やしていく方向で考えていくほうがずっといい。そんなふうにカラフルな世界のほうがきっと楽しいはずだと私は思います。

――ランドセルはいろんな色から選べたけど。

うん、そうですよね。私が小学生の時代は男は黒、女は赤だったので、今の子どもたちはいろんなランドセルの色から自分の好きなものを選べるようになって、とてもうらやましいです。みんなは何色を使ってました？　または何色がよかった？

――私は黄緑。自分で選んだの。

――ぼくは紺《こん》色。お兄ちゃんのお下がり。

――私はピンクだったけど、水色もいいなって思ってた。

――自分はゴールド。

――そんな色もあったの？　いいなー。自分はおばあちゃんが買ってくれた茶色。あんまり好きじゃなかったな。

――茶色いいじゃん！　大人っぽいよ！

みんないろんな思いがあったんですね。ただ、それでもピンクのランドセルを背負っている男子はあまり見たことがないのでは？　女子は暖色《だんしょく》系も寒色《かんしょく》系もいますが、男子でピンクやオレンジのランドセルを選ぶ子はまだ少ないかもしれません。

――ぼくが赤にしようとしたら、親に「いじめられるから」って反対された。

親や祖父母の意識では、「男子は黒」でしたからね。「男が赤やピンクを身につけるのはおかしい」という考えから抜け出せないでいる大人はまだたくさんいます。でもね、そういう考え方をする人たちがいる一方で、私服でピンクの服を着ている男性も今は結構いるんですよ。

――そうだよね。お父さんもピンクのシャツ着るよ。

――うちの学校の校長先生もたまにピンクのネクタイしてる。

――大人はピンクでもいいのに、なんで子どもはダメなんだ？

なぜなんでしょうね。好きなものを選べないということは、つまり、自由じゃないっていうことですよね。「女らしさ」「男らしさ」「子どもらしさ」という枠組《わくぐ》みが持つ不自由さ。

――さっきの髪型や制服なんかは、それが大人の考える「中学生らしさ」っていう思い込みなのかなあ。

いいところに気がつきましたね。「中学生らしさ」ってどういうことなんだろう？　そういったよくわからないことが「普通」となっている学校って、不思議な場所ですよね。

――**「日本人らしさ」とかも。いろんな人がいるのに、なんでひとくくりにしたがるんだろうね。**

――**「自分らしさ」って枠組みも窮屈。私はもっと自由でいたい！**

そうですよね。学校は、いろんな違いを持った自分たちが長い時間過ごす場所なんだから、生徒総会やホームルームで話し合ったりして、生徒も教師も一緒になって、みんなが心地《ここち》良く過ごせる学校をつくっていきたいですね。

あっきーさんにききました

1981年生まれ。身長151センチ。好きな食べ物はお餅とロールキャベツ。嫌いな食べ物はピーマン。好きなキャラクターはチョッパー（『ONE PIECE』より）。趣味はストリートダンス。モットーは「ネガティブ・シチュエーションにポジティブ・シンキング」。

他の女の子も「我慢している」と思い込んでいた

私は子どものころからずっと、体は「女の子」でも、「自分は女の子じゃない、男だ」という感覚を持っていました。小学生のころは、当時はまだ男子のスポーツとされたサッカーばかりしていたし、スカートは嫌いで、ボーイッシュな服装や髪型を好んでいました。友だちの間では「あの子は男の子」という空気がなんとなくあったように思います。ただし、それは性自認ではなく、たんに「ボーイッシュ」という意味で。当時は「他の女の子たちも、男だと感じながらも我慢《がまん》しているんだ」と思い込んでいました。「あれ？」と疑問に思ったのは、小学6年生。学校の保健室で中学の制服を試着採寸《さいすん》するとき、女の子の友だちがセーラー服を着ることにキャーキャー喜んでいるのを見て、「みんな我慢してたんじゃないの？」と驚きました。保健体育の授業で月経《げっけい》について習ったときも、自分には来ないと思っていたので、中学1年生で初《しょ》潮《ちょう》が来たときはショックでした。

中学時代、セーラー服は嫌《いや》でしたね。学級会で、校則について話し合う機会があり、私は制服のスカートが嫌だから変えたいと発言した覚えがあります。もちろん採用とはなりませんでした。高校の制服はブレザーでしたが、やっぱりスカート。廊下《ろうか》で、校長先生に訴えたことがありました。「生徒手帳には指定の制服を着るとあるが、男子がこれ、女子はこれとは決められていない。じゃあ私が男子の制服を着てもいいのでは？」と。案《あん》の定《じょう》、「そうだね」とはなりませんでした。体育祭では、女子は浴衣《ゆかた》を着て盆踊りをする伝統種目があり、ここでも先生に直談判《じかだんぱん》しました。このときは、なんと訴えが認められ、私だけ男性用の浴衣で参加させてもらいました。玉砕《ぎょくさい》したり、思いがけず認めてもらえたり、いろいろとありましたが、結局なぜ自分だけ「女じゃない、男だ」という感覚が強いのかはわからず、周囲にも説明できず、モヤモヤは募《つの》る一方でした。何とか引っぱり出せた言葉は「これは個性だ」くらいでしたね。

罪悪感からの恋の告白と、カミングアウト

トランスジェンダーや性同一性障害という言葉に出会ったのは、大学1年で受講したジェンダーについて学ぶ授業です。自分の正体はこれだったんだ！　と謎《なぞ》が解けて、とてもうれしかったです。自分を説明できることもうれしかったし、言葉があるってことは自分だけが体験していることじゃないと思えたこともうれしかった。その後、図書館でセクシュアリティに関する本を読み漁《あさ》ったこともありました。知識を得たことは、自分の気持ちを説明できる行動につながりました。大学1年生のとき、大好きだった女性の先輩に、告白したんです。ただし、付き合いたいというものではなく、罪悪感からの告白です。「自分はあなたを友だちではなく恋愛対象として見ている。でもレズビアンではなく、自分はトランスジェンダーで、男として、女性のあなたを好きなんだ」。「はい」も「いいえ」も求め

ない告白に、先輩は困ったそうです。私自身、まだまだ知識は乏《とぼ》しくて、同性愛に対する偏見を当時は持っていたと思います。

大学3年生のときに、女子サッカー部のキャプテンに選ばれました。仲間は、何となく私を「男子」として扱ってくれてはいましたが、キャプテンとなると、対外的な調整を「女子の代表」としてやらなきゃいけない。女子の枠組《わくぐ》みが想像以上に苦しくて、責任を果たさなきゃと逃げることもできず、精神的に追い詰められていきました。気を抜くと、「今、自転車のハンドルを切ったら、向こうから来るトラックに当たる」とか、そんなことを考えている自分がいました。後になってそれが自殺念慮《ねんりょ》と呼ばれるものだと知りました。

そんなとき、後輩から手紙をもらいました。その後輩の知人が自殺してしまったということが書かれていました。理由は性別違和感による苦痛。手紙の最後には「あなたは死なないで」と書かれていました。その手紙を読んで感情が溢《あふ》れ出て、たくさん泣きました。同時に、このまま「女の枠組み」や「女の体」に我慢し続けることはできない、自分は医療のサポートを受けないと生きられないんだと悟《さと》った瞬間でもありました。

声をあげる意義を実感、大学での希望性別と通称名の使用

大学4年生のときに、大学における希望性別と通称名の使用が認められました。それまでの女の子らしい本名は私にとって大きなストレスでした。ニックネームや名字で呼んでくれる人もいて、それはストレスの軽減になってはいましたが、本名がしっかり求められる機会は多くあります。例《たと》えば大学のテストでは、どんな難問より名前

の欄《らん》が一番高いハードルで、手が震えて、冷や汗が出てくることもあり、通称名で学校生活を送ることができればと思っていました。最初は「どうせ変わることはないだろう」と諦《あきら》め半分で教授に話をしました。しかし、私の「しんどい」「こうであれば楽なのに」は単なる個人のわがままではなくシステム（構造）の問題だと、教授が大学内の人権委員会で取りあげてくださって、大学が、私に対する特例にとどまらず、手続きを通して希望性別や通称名の使用が可能になるシステムをつくってくれたのです。他にも、健康診断の個別時間対応や「みんなのトイレ」設置が進んだり、学内での変化も徐々に進んでいきました。この体験は大きかったです。「助けて」と相談することで味方になってくれる人はちゃんといるんだ、社会の変化につながることがあるんだと、声をあげることの意義を学びました。

その通称名は、後に戸籍の名前変更によって、本名となりました。戸籍の名前変更の際に、私は家族へカミングアウトしています。どれだけ反対されるかすごく怖かったのですが、最終的には両親ともに「お前の人生だから」と受け止めてくれました。母は意外と早く私を新しい名前で呼んでくれるようになりましたが、父が私の名前を呼んでくれるようになったのは、それから2年以上経ってからでした。

着ぐるみを脱ぐための医療サポート

一方で、法的な改名はできたものの、体はまだ「女性」のままで、私は本当の男である自分が、女性型の着ぐるみに押し込まれているような感覚から抜け出せていませんでした。すでに病院に通っていたのですが、精神科のカウンセリングや心理検査では体は変わりません。「どうやって専門の病院を見つけたの?」とよく聞かれます。これは運命の出会いのおかげなんです。同級生で、もしかして自分と同じFtM(Female to Maleの略。性自認が男性で、体の性は女性の人)かな? と感じる人を大学内で見かけていました。でも話しかける勇気はなくて。大学3年生のあるとき、その同級生から、すれ違いざまに「あの、GID(Gender Identity Disorder)ですか?」って声をかけられました。つまり性同一性障害ですか、と。私は「はい」と即答。それから親しくなり、その同級生がすでに専門の病院に通っていたので紹介してもらいました。何度もカウンセリングなどを受け、やっと男性ホルモン注射を始められたのは、それから1年以上後でした。

　大学卒業後は建築の専門学校に進みました。建築を学ぶという理由もあるのですが、「男」として社会に溶け込めるか、人間関係をつくれるのか、社会人として責任を背負う前に試しておきたいと思ったのです。医療のサポートで身体が男性化しても、社会生活は手術でどうこうなるものではありません。私は、小柄で声も高く、ホルモン療法の効果が表れるまでは、「男? それとも女?」と訊《き》かれることもありました。それでも試行錯誤《しこうさくご》を繰り返すなかで、自分なりに人間関係をつくることもできたし、トイレや更衣室も何とかなるもので、自分のこうありたいという性別「男」で社会生活を送れる自信がつきました。

　専門学校在学中に、乳房切除手術を受けました。術後はもううれしくて仕方なく、包帯が取れて自分の平らな胸部を見たときは、もう歓喜でした。夏もTシャツが着られるようになり、着替えのときのストレスもなくなって、ずいぶん生活が楽になりました。

私のトランスジェンダー的就職活動

卒業後は建築の設計事務所に就職しました。就職活動のハードルの一つは履歴書の性別欄でした。性別欄では「男」に○。でも戸籍上の性別は「女」なので、社会保険などで後々嘘《うそ》だとなってしまいます。私は、備考欄に「性同一性障害で戸籍上は女性ですが男性として働くことを希望します」と書いて提出しました。面接では、この備考欄が私の武器になりました。私の採用を少しでも考えてくれる企業の面接官は、必ずといっていいほど備考欄に関する質問をします。質問されない場合は、落ちます。だから、質問に対して、私は性同一性障害の説明や、自分が何を仕事に望むのかをプレゼンテーションできました。性別に関して、いろいろ助けを求めることはあるかもしれないが、自分はこういう能力で会社に寄与《きよ》できますという主張です。質問されるとわかっていれば、準備も入念にできます。性同一性障害の認知が低く、マイナスイメージを持たれやすかったご時世もあり、そこで堂々とプレゼンすることで、「やるな！」という印象を持たれやすく、面接官の記憶にも残りやすい。他の就活生より有利だったかもしれません。

ところが、入社した設計事務所は1年も経たずに閉鎖になってしまいました。突然無職になりましたが、私にとっては「今しかない」チャンスでもあり、バンコクへ飛び、子宮卵巣摘出《てきしゅつ》手術を受けました。その後、戸籍上の性別変更を経て、戸籍上「男」となりました。更に35歳のときに尿道延長手術を受け、近々、外性器《がいせいき》の形成手術を受ける予定です。

一連の手術の話をすると、「よく覚悟《かくご》しましたね」と言われることがあります。でも、私は覚悟を決めて実行してきたわけではなく、自分が生きるために必要なことを積み重ねてきただけです。毎回の手術において、「ここまでの手術でOK」と感じられたらそれがベストだったのですが。お金もかかるし、痛いし、命のリスクも伴《ともな》いますから。私の場合、手術によって確実にストレスから解放されることがわかっていた。それくらい着ぐるみが苦しいんでしょうね。医師から聞かされるリスクを加味しても、不思議なくらい毎回の手術に迷いは生じませんでした。

パートナーとの出会いと生活

付き合い始めて10年になる今のパートナーは、もちろん、すべて知っています。彼女との出会いは、同じエレベーターの中、数十秒の会話が始まりでした。帰りにワッフルを食べながら雑談をして、もっとこの人のことを知りたいなと思いました。

その後、何回か会って、告白を決意しました。しかし、その前にまず自分のことをきちんと話さなければと考え、カミングアウトしました。実はね、と話したら、返事は「(トランスジェンダーだと)知ってた」。私は過去に大学での通称名と希望性別についての取材を受けたことがあり、その記事が実名のままインターネット上で公開されていたので、彼女はそれを読んでいたのでした。「同じ名前だけど、まさか」だったのが、私のカミングアウトで確定してしまったと。混乱もあったようでしたが、最終的には「好きだ」という気持ちが勝ったようで付き合うことになりました。

遠距離の時期もあり、物理的な距離はいろいろです。一緒に生活はしていません。結婚について話したりすることもありますが、私自身は、制度より一緒にいられる時間をどうしたら多くつくり出せるかの方が、今は大事かなって思います。ふたりで過ごすときは、家事などの役割は特に決まっていません。例えば、料理にしても、一緒に楽しんでいます。男だからこうしなきゃ、女だからこうして、というような性別を理由に役割を分けるような感覚はお互《たが》いにありません。昔の私には、「男だから」という意識が強くありました。例えば「デートでは男がおごって当然」というような。ジェンダーやセクシュアリティを学んだことで、それがいかに人の可能性を縛っているのか理解できるようになりました。中学生時代から学べていたら、もっとストレスなく、もっと自分を成長させられたかもしれないと思います。

自分と相手と社会、幸せを生み出せる仕事をしていきたい

今は実体験も踏まえ、おもに性の多様性《たようせい》をテーマに講演などを行う「ダイビーノン」という団体の代表を務めています。それと並行して、共創事業も模索中です。今あるモノ・サービスや人同士をつないだり掛け算したりして新しい価値を生み出すことに興味があります。私はその触媒《しょくばい》みたいな役割になりたい。「自分・自社」と「相手・顧客《こきゃく》」と「他人・社会」のどの立場にも同時に幸せを生み出せるようなプロジェクトの仕掛けに挑戦していきたい。

私にとって性別は大きなテーマですが、性別だけで私の人生がつくられているわけではありません。性別違和《いわ》の解消を経て、これまで多くの人に育ててもらってきた私の能力を、どう発揮して、どう社会に還元《かんげん》して、どう自分の幸せを切り開いていくか、これからも試行錯誤を繰り返していきたいと思います。

第3章

社会のなかでどう生きていきたい？

1 なぜ学校で多様な「性」を教えてくれないの？

――私たちが「普通《ふつう》」だと思っていたことが、よく考えるとそうでもないってことがわかってきた。先生はどうしてそういう研究をするようになったの？

私は埼玉《さいたま》大学で、性について学ぶことをめぐる課題について、たとえば「性の多様性《たようせい》を自分のこととして理解するためにはどのような学びが必要なのか」「性の多様性をめぐる差別をなくすには、いつどのような学びをすることがいいのか」といったことを、中学校や高校の先生方と協力して、実際に学校での授業を行いながら研究をしています。この研究テーマを選んだ理由は、私自身が、学校は性に関しては窮屈《きゅうくつ》な場所だと感じていたからです。

私は体も細くて、声も高い。「俺《おれ》」という一人称を使わずに「ぼく」と言うし、言葉づかいも荒《あら》くない。振《ふ》る舞《ま》いもしなやかと言われがちですし、いわゆる「男らしさ」はあまりありませんでした。小中学生のころには、クラスメイトから、他のクラスの同級生から、または教師から、「男らしくない」「オカマっぽい」という言葉を投げかけられてきました。どうしてみんなは性別を気にするんだろう、「らしさ」を押しつけるんだろう。個性《こせい》の尊《そん》重《ちょう》、自分らしいことがすばらしいと言いながら、どうして学校は「男らしさ」「中学生らしさ」を求めてくるんだろう。性別にかかわらず、みんなの居心地《いごこち》がいい学校をつくれないだろうか。そういった社会をつくるにはどうしたらいいのだろうか……そういうことを考えるようになったのが研究の出発点でした。

――学校という枠《わく》が苦しいって感じたのは、先生はいつからだったの？

小学校のときには、感じていましたね。先生から「男らしくない」と言われましたし、友だちと遊んでいるときも同じことを言われたりして。家でも「もっと男らしくしなさい」とたまに言われていました。子どものころは、学校と家で過ごす時間がほとんどじゃないですか。その両方の場所で同じことを言われていたのは、やっぱり窮屈でしたね。ただ家では「やさしい男の子」として親に認められていた部分もあり、それはうれしかったです。

でもね、同じように感じている女の人もたくさんいるんですよ。「もっと女らしくしなさい」と言われてむっとしたことがある人もきっと多いですよね？　この場合の「女らしく」という言葉は、「おしとやかに」「おとなしく」という意味だから、自分の能力をセーブさせられるかたちでよく使われるんです。もっと元気よく行動したいのに、たしなめられたりしてしまう。女性でそういうことを窮屈に感じたことのある人は大勢いますよね？

そしてレズビアンやゲイ、バイセクシュアル、トランスジェンダーを含むセクシュアル・マイノリティの人々にも、同じように感じている人が多くいるでしょう。社会で求められている「男としてあるべき姿」「女としてあるべき姿」といった枠組《わくぐ》みからはみ出してしまうがゆえに、さまざまな場面で「女なのに」「男なのに」と言われて、「あいつ、おかしいんじゃないか」と見られてしまうことが、まだまだ多くあります。みんなそれぞれ違う種類の息苦しさを、いろんなところで感じているはずです。そういった社会の枠組みからはみ出している部分が多ければ多いほど、息苦しさはより強く感じてしまいますよね。

――家でも学校でも否定されたら、自分に自信なんか持てない……。

そうですよね。特にトランスジェンダーの場合は、もう一年中、３６５日、その「らしさ」の枠組みを意識させられ続けることもあります。それが生きづらさにつながってしまうから、男女で二分《にぶん》されがちな学校生活は苦しい場面が多いと思います。同性《どうせい》を好きになることも、そう。「らしさ」からのはみ出しへの否定だけじゃなくて、「人としてダメだ」みたいな強い人格否定をされてしまうと、やっぱり苦しみも増しますよね。

――そういえば、保健体育の授業では、「思春期《ししゅんき》になると自然と異性《いせい》への関心が高まる」としか教わってないって、さっき話したよね。

これまでのみなさんなら、それを読んで、どんなことを考えますか？

――たぶん、「そうだよね」とか、「当然じゃん」とか。もしかしたら何も考えなかったかもしれない。

それほどまでに人が思春期になると異性に関心が高まるということが「普通」だと考えられていたわけですよね。

——きっと教科書を書いた人も異性愛が「普通」だと思い込んでたんだね。でも、この日本にもいろいろなセクシュアリティの人がいるわけでしょ。そういうことをちゃんと教えてくれれば、自分たちのような中学生だって理解できるのに。

——ぼくたちだって、恋愛や性についてすごく興味持ってるし、身体やセックスのことだって興味津々《しんしん》の人が多いよ。インターネットでいろいろ調べてる人もいるし。テレビでも「オネエ」のタレントさんを毎日見てるし。

——でもさ、インターネットって、いろんな情報がありすぎて、何が正しいのか、正しくないのかよくわかんないときもあるよね。それに性のことって、エロい情報の方が多いじゃん。それはそれで興味あるけど（笑）。

みんなすでにいろんなことに興味を持っていて、いろいろなところからたくさんの情報を得《え》ていますよね。インターネットは便利ではあるけれど、科学的で、「正しい」とされる情報を見つけ出すのは難しいし、いろんな人が匿名《とくめい》で無責任に書いていることも多い。ネットに書いてあったから「正しい」と思い込んでしまうこともあるかもしれません。そういった情報をきちんと判断できる力を「メディア（情報）リテラシー」といいます。

——あ、それ学校の授業で聞いたことある。

みなさんのような中学生にも、大人にも、このメディアリテラシーを身につけるのは、とても大変なことなんです。きちんとした知識がないと、どれがいいか、どれが間違っているかを判断できないから、勉強しなくちゃいけないですよね。

——だったら、それこそ教科書に書くべきじゃない？　国は、教えたくないのかな？

そうだとしたら、なんでだと思う？

——国の偉《えら》い人が、ＬＧＢＴとかのセクシュアル・マイノリティの人を「普通」じゃないと思ってるから？

なるほど。では、「普通」だと思われているセクシュアリティや家族のかたちってどういうものでしょう?

――シスジェンダーで、異性愛の男女が結婚して、子どもがいる家族かな。

――じゃあ、うちは「普通」じゃないの? 私と弟とお母さんの3人暮らしだもん。でも、教科書ではシングルマザーやシングルファーザーの家族も見たことなかったかも。

そうですよね。なぜ、国はその「普通」のあり方しか載せないんでしょう?

――えっと、それが「普通」だから(笑)。

そうかもしれません(笑)。一度「普通」と思ってしまったら、それ以外のことを考えられなくなってしまいますよね。

学校教育は、実はいろんなことと結びついているんですよ。本来は個人個人が持っている可能性を十分に引き出すためのお手伝いをするというのが教育の役割なんです。

みんないろんな可能性を持っていますよね。そういった教育本来の目的の一方で、国のさらなる発展のために必要な人材を学校などで育てていこうという考え方もあるんです。

――あのさ、前から思ってたんだけど、その「人材」って言葉、俺は嫌い。

なぜ？

――社会の歯車《はぐるま》っていうか、材料としての人みたいな感じがしない？ 会社や社会の財産としての人だったらまだいいんだけどさ。

――「人財」ってこと？ 漢字違うじゃん（笑）。

なるほど。「材」には「能力」という意味もあるようですが、人がモノみたいに扱《あつか》われて、人格が忘れられてしまうような使われ方をされているかもしれませんね。

――それにさ、国の発展のためなんて言われても、ピンとこないな。だって、勉強

するのって自分のためじゃないの？　国のためって言われたら、ますます勉強する気なくしちゃうよ。そのことと性のことって関係があるの？

いい質問ですね。みなさんはどう思う？　関係ないと思う？　それとも、関係ありそう？

――今、少子化《しょうしか》ってすごい問題になってるじゃん。国の発展のためには子どもが必要なんじゃない？

なるほど。いい線いってますね。では、なんで国の発展には子どもが必要なんだろう？

――将来働いてくれる人が必要だし、税金を納《おさ》めてくれる人も必要だし、国民がいなくなっちゃったら国自体もなくなっちゃうもんね。

そのことと性のことは、どう関係してるかな？

——だからさ、子どもを産むには男女がセックスする必要があるでしょ？　男女のカップルが「普通」で子どもを産むことが「普通」って教えれば、みんなそうするだろうって思ってるんじゃない？

そう！　まさにそういう流れのなかで、シスジェンダーで異性愛の男女が結婚して子どもを持つということだけが、「正しい」性のあり方である、それ以外の性のあり方は間違っている、という考え方が高まっていったんです。だから、生殖《せいしょく》に結びつかない同性愛や両性愛《りょうせいあい》、無性愛《むせいあい》、そのほかマスターベーションや人工妊娠中絶《にんしんちゅうぜつ》、さらには離婚も、日本では「悪いこと」として考えられて、教育のなかでも扱わないようにしてきたんです。

——自分の生き方まで管理されてる気分になる……。

窮屈ですよね。社会の多数派であるシスジェンダーでも、異性愛の人でも、子どもをつくるには「結婚をしていないとダメ」と言われたり。でも実際はそうじゃない人もたくさんいますよね。子どもができてから結婚する人もいる。シスジェンダーの異性愛の人でも結婚をしない人もいるし、結婚しても子どもを持たないという選択《せんたく》をする人だっている。

――うちは離婚してシングルマザーだよ。

シングルで子どもを育てる人も増えてきていますよね。女同士、男同士の同性カップルで子どもを育てている人もいますし、同性カップルで子どもを育てない人もいます。パートナーを固定しないことで「カップルにはならない」という選択をする人もいる。いろんな生き方をしている人が、現実にはいるんですよね。どれが正しいとか間違っているという話ではありません。本来なら、すべての選択が尊重されなくちゃいけないんです。

「教育は中立《ちゆうりつ》が大事」とよく言われますが、今の日本の教育、とりわけ性のことに関しては、とても偏《かたよ》っているのが現状です。極端にシスジェンダーと異性愛に偏っているんですね。中学校の教科書では「異性への関心が高まる」としか書いてないかもしれませんが、文科省の学習指導要領の解説編では「個人差がある」と書いています。だから、授業では、「思春期には異性への関心が高まりますが、高まらない人もいたり、同性への関心が高まる人もいたりと、個人差があります」と話すこともできるんですよ。

――そうなんだ!? うちの先生、知ってるかな?

教えてあげるといいかもしれませんね。だからこそ、みなさんは今、手元にある教科書を読んでみて「どこをどういうふうに書き換えたらいいだろう?」とぜひ考えてみてください。そのことを先生に提案をしてみるのも、面白いかもしれないですね。

2021年度からみなさんが使ういくつかの教科書に「性の多様性」に関することが少しずつ掲載されるようになりました。高校の教科書にも「性の多様性」がきちんと扱われているものがすでにあります。家庭科、世界史、政治・経済、英語、倫理《りんり》の教科書に、書かれているんですよ。だから、小学校や中学校の教科書でも、現実に沿《そ》ってきちんと扱ってほしいですね。

2 結婚制度とパートナーシップ制度はどう違う?

――でも同性カップルだと結婚できないよね。私は将来、結婚してみたい。

残念ながら、今の日本の法律では異性間《かん》でしか結婚できないことになっています。ところで、そもそも結婚したらどんな権利が保障《ほしょう》されていて、どんな義務が発生するかって知っていますか?

――権利? 義務? 好きだから結婚するだけじゃないの?

「結婚したい」とは思っても、「結婚するとどうなるか」ということはあまり考えないかもしれませんね。実は結婚するといろいろな権利や義務が発生するんですよ。でも大人でもそこまでわかっていて結婚している人のほうが少ないかもしれません。

まず、権利のほうからいきましょう。日本国憲法第24条には、「婚姻《こんいん》は、両性の合意《ごうい》のみに基いて成立し、夫婦が同等の権利を有《ゆう》することを基本として、相互《そうご》の協力により、維《い》持《じ》されなければならない」と書かれています。

ちょっとわかりづらいかもしれませんね。一つずつ読み解《と》いていきましょう。まず「両性の合意」とは「結婚したい」という本人たちの合意、ということです。なぜこの文言が生まれたかというと、もともとこの憲法ができる前の大日本帝国憲法や明治民法では、家《か》父長制《ふちょうせい》というものがあって家の許可がないと結婚できなかったんですね。誰の許可かというと、家の一番偉《えら》いとされている男性、つまりおじいちゃんやお父さんです。そして家を継《つ》ぐ存在として長男が重要視されました。それを家父長制といいます。今のように結婚は自由意思ではなく、家のためにするものとされていました。

でも戦争が終わって、「それってやっぱり人権侵害《しんがい》だよね」ということで、「両性の合意のみに基いて成立」という言葉が生まれました。ここで重要なのは「のみ」という言葉です。「両性の合意」以外のものはふたりの結婚に影響しない（させない）ということです。

続く「夫婦が同等の権利を有することを基本として、相互の協力により、維持されなければならない」というのは、ふたりが対等の立場で協力して家庭を運営していきましょうね、ということです。どちらか一方が偉くて、一方がそれに従うという関係ではない。これも、家父長制のもと、男性の権利が強く、女性が従うことが当たり前とされていたことを反省することから生まれました。

続いて、義務にいきましょう。これは「民法《みんぽう》」という法律にまとめられていて、結婚に伴《ともな》う義務などが定められています。まず夫婦間では相手と自分が同じ程度の生活をお互《たが》いに保障しなければいけない、という義務が発生します。それから子どもができた場合には扶養《ふよう》する（育てる）義務、それから夫婦以外の人と性的な関係を持ってはいけないという貞操《ていそう》の義務もあります。また、名字をどちらかの姓《せい》に統一しなければなりません。そうなると親族関係の発生といって、親戚《しんせき》関係も広がります。
遺産の分配や相続《そうぞく》についても決まりごとがあります。万が一どちらかが亡《な》くなってしまったら、遺《のこ》されたほうがきちんと遺産を相続できますよ、ということ。あとは日常生活を営《いとな》む上でのいろんなことはふたりの連帯責任ですよ、ということもそうですね。離婚するときも、両方の合意がないとダメですよ、と決まっています。

——そんなに色々決まっているんだ！

そうなんです。「婚姻届《とどけ》を1枚出すだけでしょう？」と思っている人も多いですが、婚姻に関する法律（民法など）ってなんと200以上もあるんですよ。つまり、あの紙を1枚提出するだけで、200以上の権利保障と義務がついてくるということです。
だから「恋愛のゴールとしての結婚」と思っている人も多いですが、実は結婚って、ふたりの権利保障のための「契約《けいやく》」なんです。

——「契約」っていうと全然ロマンチックじゃない。

確かに「契約」というとロマンはまったくないかもしれませんね（笑）。でもふたりの権利保障はとても大切なこと。知っておくことは、ふたりにとっても重要なことなんです。

――でもここまで聞いた話だと、同性同士での結婚がダメってことは出てないよね？

そうなんです。憲法では「夫婦」という男女の関係の言葉が使われていますが、実は同性同士の結婚が明確に禁止されているというわけではない。この背景には、まず日本国憲法が定められたときに、同性婚が想定されていなかった、ということがあります。同性カップルの場合はどうなるかということが、憲法の枠内で触《ふ》れられていなかったんです。

だから憲法学者や弁護士のなかには現在の憲法のままでも「同性婚は成立する」という見解《けんかい》を持つ人もいますし、同性婚の法制化に向けての動きもあります。ただし、現状ではまだ同性カップルは結婚できない。さっき説明したような権利の保障と義務が発生しないんです。

――権利と義務が発生しないと、どうなるの？

社会のなかでのふたりの関係がとても不安定なものになります。それでも、夫婦でも同姓にせずにお互いの姓を大事にしたいとか、昔の「家《いえ》制度」のような価値観に縛《しば》られずに済《す》む、よりパートナーと対等でいられるなどの理由で、異性のカップルでも婚姻届を出さずに、「事実婚」という選択をする夫婦も今はわりといます。

ただ、結婚をしないことで社会的な権利が保障されない部分がたくさんあるのも事実です。特に子育てに関する制度的支援《しえん》を受けることや相続の部分は難しい。同性同士だと、どちらかが亡くなったときに遺されたパートナーが遺産を相続できなかったりします。

そういったことを防ぐために、カップルだけれども養子縁組で法律上の親子関係になることで、結婚以外の方法で相続をきちんと取り決める方法もあります。家族としての権利を保障するために、配偶者ではなく親子という形式の家族になるんですね。それから、行政書士に頼んで公正証書《こうせいしょうしょ》というものをつくってもらい役所に提出することで、自分たちの権利を公式なものとする方法もあります。どちらも、ふたりの権利を保障するには有効ですが、「婚姻」というワンパッケージの制度のほうが便利で確実な部分もあります。

その一方で、最近登場したのが、同性パートナーシップを地方自治体《じちたい》が承認《しょうにん》する制度です。

――同性パートナーシップを承認？　地方自治体が？

２０１５年４月に東京の渋谷区《しぶや》が「渋谷区男女平等及び多様性を尊重する社会を推進《すいしん》する条例《じょうれい》」というものを施行《しこう》しました。これは条件を満《み》たした同性カップルが申請《しんせい》すれば「パートナーシップ証明書」を取得できますよ、という内容を含んだ制度です。続いて世《せ》田谷区《たがや》、三重県伊賀《いが》市、兵庫県宝塚《たからづか》市、沖縄県那覇《なは》市、北海道札幌《さっぽろ》市、福岡県福岡市が同じような制度を制定しました。

２０２２年ではすでに１５０以上の自治体がこのような同性のパートナーシップ制度を導入しているんですよ。

――あ、それ聞いたことある。東京の渋谷区で同性婚ができるようになったって。

テレビなどでもたくさん報道されたので、みなさんのなかでも知ってる人は多いでしょうね。でも、これらは「同性婚」とは違うんです。

――え？　違うの？　この制度は結婚と同じ効力があるんじゃないの？

いいえ、そこまでの効力は残念ながらまだありません。とても簡単に説明すると、渋谷区などの同性パートナーシップを承認する制度は「私たちはパートナーです」という宣誓《せんせい》書を役所に提出すると、それを受け取りましたという証明書がもらえるんです。それをいろいろなところで提示すると、たとえば、同性カップルのどちらかが倒れて病院に運ばれたときや、緊急の手術が必要とされたときにもうひとりが家族として同意することができるかもしれないし、携帯電話の家族割引とか、いろんな企業の家族サービスも受けられるようになるかもしれない。会社勤めの人は子育てをすることになったら育児休暇《きゅうか》を、どちらかの介護《かいご》の必要が出てきたら介護休暇も取得できるかもしれない。

――かもしれない？

そう、かもしれない。まだまだ始まったばかりの制度ですから、実際にそれぞれの企業がきちんと配慮《はいりょ》して、結婚した異性カップルと同じように扱ってくれるのか、ということはまだわからないんです。証明書自体に強制力はないので、会社がどう判断してくれるのか、ということなんです。ただ、地方自治体が、ちゃんと異性カップルと同じように対応してくださいねと強く要求していますし、対応しない会社などは公表するといった対策を取っている地方自治体もあります。

それにこれらの地方自治体が定めた同性パートナーシップ制度は、民法など国の法律で決められているところには介入《かいにゅう》できないんです。つまり結婚によって発生する権利や義務にまでは影響を与えることができないんです。

ただ、こういう同性パートナーシップに関する制度が他の地域でもどんどん広がっていくことによって、日本でも同性カップルが認知されていって、同性婚姻制度の制定の議論を進めていくという効果はあるかもしれませんね。

――私たちの意識が変わっていくってこと？

そうです。社会全体の意識が徐々に変わっていって「なんで同性婚が制定されていないの？　それって問題だよね」という大きな流れになっていけば、日本でも性別を問わずに婚姻できる法律ができるかもしれません。

民法や憲法を変えるということは、国民全体で話し合いをしなくちゃいけないということですから。それにはとても時間もかかりますし、議論もしっかりしなくちゃいけない。

――同性パートナーシップの制度そのものは、どこの地域でも同じなの？

実は違うんです。渋谷区は「条例」といって、ちゃんと議会で話し合いをして採決したものなんですね。だからそれなりに効力があるし、これを取り消すためにはもう一回議会で議論をして可決《かけつ》しなくちゃいけない。つまり、そう簡単にはなくならないんです。ところが他の地域での同性パートナーシップ制度は「要綱《ようこう》」といって、現市長などが「こういう制度をつくりますね」と言って議会で承認を得たものなので、ちょっと効力が弱い。だからもし市長が変わって新市長が「なくそう」と決めたらなくなってしまうかもしれないんです。

――やっぱりまだまだ不安定なんだね。日本の憲法は簡単には変えられないの？

「日本でも同性婚を実現しよう」という目的でつくられた同性婚人権救済弁護団《きゅうさいべんごだん》が、「同性間での結婚ができないのは憲法上問題である」と主張して、弁護士会に申し立てを行っています。この申し立てが通ると、弁護士会も含めて国にいろいろな訴えかけができるようになる。それがいずれ国の制度をも変えていける大きな力になると私は考えています。

ただ、日本でもこの数年で急速に、全国のいろんな都市でレインボー・パレードなどが開催されるようにはなってきましたね。

——レインボー・パレード?

セクシュアル・マイノリティの人たちを中心に、さまざまなセクシュアリティの人々の人権を保障する社会をつくりましょうとアピールするために、パレードなどをしているのを見たことがありませんか? そのときに性の多様性の象徴《しょうちょう》である6色のレインボーカラーの旗などを掲げているので、レインボー・パレードと名づけているところもあるんです。市長や区長がパレードに参加して公式にスピーチをすることもずいぶん増えてきました。興味がある人は、住んでいる自治体の近くでやっているパレードやイベントにぜひ実際に行ってみてください。さまざまなセクシュアリティの人が参加できるものです。

同性婚制度については、配偶者同士で姓(名字)を同じにする義務は必要ないとか、婚姻制度ではなくて、もっと個人を尊重する制度がいいという意見などもあります。そういうふうに少しずつ、少しずつ、誰もが住みやすい社会をみんなでつくっていく。そういう意識が広がっていくといいですよね。

3 世界の同性婚はどうなってるの？

——同性間の結婚の制度について、日本以外の国はどうなっているの？

同性カップルでの結婚が法律できちんと定められている国は、すでにたくさんありますよ。同性婚が世界で初めて合法化されたのは2001年、オランダです。アイルランド、デンマーク、フランス、カナダ、アメリカ、ブラジル、アルゼンチン、南アフリカなど、いろいろな国ですでに同性同士で結婚ができるようにきちんと法律が定められているんです。

カナダのトロントという大きな都市では毎年6月にプライド・パレードが行われ、世界のさまざまな地域から何十万人という観光客が押し寄せてくる一大観光イベントになっています。トロント市長が先頭に立ってパレードに参加するし、LGBT当事者《とうじしゃ》だけでなく、アライであることを表明する警察官や消防士、銀行員の人たちもみんな一緒にパレードを歩いたりするんですね。レインボーマークのシールを扉に貼っている教会もあります。「安心してうちの教会に来てください」というメッセージなんですね。

トロントには私も行ったことがあるのですが、メインストリートのすぐ隣《となり》に、通称「ゲイストリート」と呼ばれる通りがあります。英語の「ゲイ」にはレズビアンも含まれています。そこのオープンカフェでは同性カップルだけではなくて、異性カップルもお茶をしていたりしました。もちろんトロントをはじめ、カナダ全域でもセクシュアリティを含むさまざまな差別《さべつ》の問題は今でもありますし、政治的にも課題はありますが、いろんな人が混《ま》ざりあって暮らしているということは実感しやすい街です。

――へー。私も行ってみたい。

一方で、同性愛がいまも犯罪とみなされている国もあります。

一番厳しいところでは、スーダン、イラン、サウジアラビア、イエメンのように、同性間の性行為に対して死刑を科《か》している国も残念ながらあります。これに対して、国連は非《ひ》難《なん》する決議を出しています。

――アジアはどうなんだろう。

東アジアには、処罰される法律がある国はありませんが、きちんと同性婚やそれに準《じゅん》ずるパートナーシップ制度を持っているところは、つい最近までありませんでした。これは寛容というよりは、これまで同性愛者は「いないもの」とされてきたということの表れといえるでしょう。同性愛者のなかでも、「日本は処罰《しょばつ》されることはないし、社会的には黙《だま》っていれば、プライベートでは同じセクシュアリティの友だちはたくさんいるから生きやすい」という人もいれば、「いじめや差別を受けることはあるし、同性婚も認められていないから、いざというときに不利益を被《こうむ》りやすく生きづらい」という人もいます。

ただし、東アジアにおける同性愛者の権利保障という部分では、台湾《たいわん》が今最も進んでいます。10年以上前から台湾の立法府に同性婚法案が提出されはじめて、2017年には最高裁判所にあたる司法院大法官会議《しほういんだいほうかん》が「同性同士の結婚を認めない民法は憲法に反する」という判断を下したんですね。この判断を受けて、台湾では2年以内に民法を改正するか、新法をつくらなければならなくなった。その結果、2019年5月に台湾の立法院では同

同性婚が認められている地域・国

アイスランド
アイルランド
アメリカ
アルゼンチン
イギリス
ウルグアイ
エクアドル
オーストラリア
オーストリア
オランダ
カナダ
コスタリカ
コロンビア
スウェーデン
スペイン
台湾
デンマーク
ドイツ
ニュージーランド
ノルウェー
フィンランド
ブラジル
フランス
ベルギー
ポルトガル
マルタ共和国
南アフリカ
メキシコ
ルクセンブルク

同性パートナーシップ制度がある地域・国

アンドラ
イスラエル
イタリア
エストニア
キプロス
ギリシャ
クロアチア
サンマリノ共和国
スイス
スロベニア
チェコ
チリ
日本（一部自治体）
ハンガリー
モナコ
モンテネグロ
リヒテンシュタイン

出典：ILGA（International Lesbian, Gay, Bisexual, Trans and Intersex Association）"State-Sponsored Homophobia 2020"、認定NPO法人虹色ダイバーシティ

性婚を合法化する法案が賛成多数で可決されました。アジアで同性婚が法的に認められたのは、台湾が初めてです。

――どうして国や地域によって同性愛への考え方がそんなに違うの？

一つは宗教の影響が大きいと思います。キリスト教、イスラム教、ヒンズー教、仏教とさまざまな宗教がありますが、信者が守るべき教えを記した書物に、同性愛を禁じている記述《きじゅつ》やそう解釈できるところがあったりします。宗教とセクシュアリティは深く結びついているものなんですね。なぜかというと、信者を増やしてその宗教を広めるためには、異性間で結婚をして子どもを生み、代々つないでいくことが大切になってきますから。だから、宗教では、生殖に結びつかない性のあり方には否定的な価値観や規律《きりつ》が重視されることが多々あるんです。

――それって、さっきの国の繁栄の考え方と似てるね。

そうですね。ある集団を維持《いじ》し発展させるには、多様性よりも規律や規範《きはん》が重要視されることが多いかもしれませんね。

――あー、学校もそうかも。

するどい！　もちろん、いろいろな宗教のなかでも、同性愛は教えに反しないと考えている宗派もあります。日本にもゲイやレズビアンであることをオープンにしている牧師《ぼくし》さんがいますよ。トランスジェンダーのお坊《ぼう》さんもいます。

もう一つは、人権意識の違いがあるかもしれません。フランス革命《かくめい》については歴史の授業で勉強しましたか？　フランスのみならず、ヨーロッパの国々の歴史は「人権」獲得《かくとく》の歴史と言い換えることもできます。ところが日本においては、人権という概念《がいねん》は、大まかに言ってしまえば第二次世界大戦が終わった後の民主化のなかで急に入ってきたものなんです。「思いやり」という言葉やそれを大事にする価値観は日本の文化にみられますが、人権というもの、たとえば、自分たちの権利をきちんと主張しようとか、自由な個人という存在を尊重した社会をみんなでつくって、みんなで維持していこうという考え方が、あまり根づいていないと言えるかもしれません。選挙があってもその投票率が低いということが、いつも問題になっていますよね。

みなさんの身近にある校則はどうですか？　最近、「ブラック校則」という言葉が使われて、社会的に問題視されはじめてきましたが、髪型《かみがた》や服装、登下校や部活動など学校生活をめぐるルールなど、学校の校則って、なんでそういう規則があるのかわからないようなものが結構ありますよね。みなさんの学校ではどうですか？　なんかモヤモヤする校則があったとしても、「だって仕方《しかた》ないよ。校則で決められてるもん」とすぐにあきらめてしまっていませんか？　でもちょっと立ち止まって「そもそも、こう決められていることがおかしいんじゃないか」と声を上げてみることが大事なんです。

この本を読んでいる人たちのなかには、「生徒総会でみんなで話し合って、先生とも議論をして、校則を変えました」という人もいるかもしれませんね。でも、やっぱり多くの人は「仕方ないよね」「そういうものだよね」と我慢《がまん》しているのではないでしょうか。むしろ、「我慢できないなんてワガママだ」という空気があるかもしれない。「この校則っておかしい！」という意見を学校に言ってもいいなんて思いつかない人もいるかもしれませんね。

――言いづらい空気はやっぱりちょっとある。

そういう空気がありますよね。でも子どもの権利条約には、子どもたちの「意見表明《ひょうめい》権」を保障しなければならないということが書かれているんですよ。

——子どもの権利条約？

子どももひとりの人間として保障されるべき権利が明記された国際条約です。１９８９年に国連で採択《さいたく》されて、１９９４年には日本も批准《ひじゅん》しました。勉強したことない？

——ない……。

「子どもの権利条約」

第12条

意見を表す権利
子どもは、自分に関係のあることについて自由に自分の意見を表す権利をもっています。その意見は、子どもの発達に応じて、じゅうぶん考慮されなければなりません。
（日本ユニセフ協会抄訳）

第12条

締約国は、自己の意見を形成する能力のある児童がその児童に影響を及ぼすすべての事項について自由に自己の意見を表明する権利を確保する。この場合において、児童の意見は、その児童の年齢及び成熟度に従って相応に考慮されるものとする。
このため、児童は、特に、自己に影響を及ぼすあらゆる司法上及び行政上の手続において、国内法の手続規則に合致する方法により直接に又は代理人若しくは適当な団体を通じて聴取される機会を与えられる。
（政府訳）

日本ユニセフ協会「子どもの権利条約」
HP：https://www.unicef.or.jp/kodomo/kenri/syouyaku.htm

自分たちに保障されるべき権利について勉強する機会が確保されていないというのも、日本の権利意識の低さを表していますよね。子どもの権利が書かれているんだから、子どもも時代にちゃんとそれについて知らされる必要がありますよね。

せっかく私たちは人類の長い歴史のなかで自由を勝ち取る運動をしてきたのに、権利＝ワガママだと思い込んで自分たちの自由を狭《せば》めてしまっているのはもったいない。セクシュアリティのことに関しても、他国の政策をそのまま真似《まね》しましょう、ということではなく、他国の制度を見習いながら、日本という国に合った同性婚のあり方や、人権の制度をちゃんとみんなでつくっていきたいですね。

4 同性カップルでも子どもを育てられるの？

――男同士、女同士の同性カップルが社会的に認められるような波が来ているってことはわかった。でも同性同士だと子どもはつくれないよね？

日本では同性カップルが子どもを「つくる」のはまだ難しいですが、同性カップルで子どもを育てている人はいますよ。たとえば２０１６年には大阪在住の30代と40代の男性カップルが、大阪市から委託《いたく》された10代の子どもの「養育里親《よういくさとおや》」として認定されています。認定条件さえクリアすれば同性カップルでも異性の夫婦と同じように、子育てはできます。里親でなくとも、異性と結婚して子どもを授かったものの、やっぱり同性が好きなんだと気づいて離婚した女性が、その後女性のパートナーと一緒に暮らすことになり、子どもをふたりで育てているというカップルもいますよ。

――お父さんとお母さんじゃなくて、お父さんがふたり、お母さんがふたり、みたいなことだよね？　大変じゃないかなぁ？

なんで「大変」だと思うの？

――だって、お父さんがふたりだったら、お母さんの役割をする人がいないじゃん？

じゃあ、そこでいう「お母さんの役割」ってなんでしょう？

――え？　料理や洗濯《せんたく》、掃除《そうじ》とか……？　厳しいお父さんだけじゃなくて、優しく育てるお母さんとか。

――えー、うちはお母さんの方が厳しいよ。

――うち、お父さんが料理してる。

――俺のうちはそもそもお母さんいないし。っていうか、さっきも話したじゃん（笑）。性別役割ってやつ。

そうですよね。そもそも「お母さんの役割」とか「お父さんの役割」とか決まっているものはないですし。親がひとりで仕事も家事も子育てもしている場合もありますし。みんなも、家でお手伝いをしてるんじゃない？

――ぼくはお風呂《ふろ》掃除とゴミ出し。たまに料理もする。

そうですよね。いろんなかたちの家族のなかで生活をつくっているというのが、現実ですよね。

同性カップルでも異性カップルでも、子育ては大変なことの連続です。みなさんが今、親に反抗《はんこう》しているように(笑)、思春期になったら反抗的になるでしょうし、親子ゲンカもあるでしょう。でもそれは当然どんな家庭でもあること。血縁関係があろうがなかろうが、性別も関係なく、家族として真正面から向き合っていくことは変わりないと私は思います。

──自分と血がつながった子どもがほしい、っていう気持ちは湧《わ》いてこないのかな。

パートナーと血縁関係にある子どもがほしい、という気持ちもよくわかります。レズビアン、ゲイ、バイセクシュアル、ヘテロセクシュアル、シスジェンダー、トランスジェンダーを問わず、家族をつくりたいという思いから子どもがほしいと願う人がいますから。もちろんセクシュアリティがどうであれ、そういうふうには考えない人もいますが。

シスジェンダーのヘテロセクシュアルでなくても、カップルのどちらかが女性の体を持っているのなら、生殖技術で妊娠《にんしん》・出産することは可能であることが多いでしょう。具体的には提供精子《せいし》による体外受精《じゅせい》が成功すれば、子どもの親になることはできるんです。

ただし、同性カップルが妊娠・出産を経て子育てをする法制度はまだまだ整っていません。費用が高額になる体外受精を行う場合、異性間の既婚《きこん》者であれば国や自治体から助成《じょせい》金《きん》が下りますが、既婚が条件であることから同性間のカップルには適用《てきよう》されません。仕事を続けながら子育てする制度も、同性カップルには公《おおやけ》にはまだまだ認められていない。セクシュアル・マイノリティのカップルのための妊娠・出産・子育てのバックアップ体制をつくっていくことも、これからの重要な課題ですね。

――でも親のセクシュアリティが子どもに影響することってないの？　たとえば、ゲイのカップルに育てられた男の子はゲイになる……とか。

同性カップルに育てられた子どもが同性愛者になるか？　まず、結論からいうと、なりません。「ならない」というよりは「関係ない」というほうが正確かもしれませんね。なぜならセクシュアリティは家族のタイプによって形成されるものではないからです。だって異性愛の男女の夫婦に育てられた子どもでも、異性が好きな子もいれば、同性が好きな子もいるでしょう？　同性カップルに育てられた子どもでも、同じです。異性が好きになる子もいれば、同性が好きになる子もいる。

――そうか。同性カップルに育てられたら同性愛者になる、とかじゃないんだね。

はい、そこは関係ありません。ただ、世間一般には少数派である同性カップルに育てられることで、もしその子がセクシュアル・マイノリティだった場合でも、早い段階でそのことに気づいてあげられる、相談しやすい環境を用意してあげられる、というメリットがあるかもしれませんね。

――でもよその家庭は父親と母親のカップルが圧倒的に多いよね。友だちに知られたら、「お前の家は父親がふたりいるのかよ」っていじめられる可能性だってあるかも……。

「父親がふたりだなんて変だ」「お前の親、ホモなのかよ」と子どもが悪口を言われて、いじめられる。だから、同性カップルに育てられる子はかわいそう。これもよく聞く意見です。でもこの場合、その子を「かわいそう」にしているのは、そうやっていじめる子、それを注意しないいじめる子の親や学校の先生、つまり社会全体なんです。「それはおかしなことじゃない。いじめるほうがおかしいんだよ。家族のかたちはいろいろだよ」と誰かが言ってあげれば、問題はなくなる。「でも現実はいじめられるわけだから、かわいそうでしょう」と言う人もいるかもしれません。だったらその現実を変えていきましょう。変えていくべきはそちらなんです。

——そうか。いじめる側の意識のほうを変えていけばいいのか。

差別や偏見《へんけん》を植えつけているのは、むしろ大人のほうかもしれませんね。子どもたちは「ふーん、そういう家族もあるんだ」とすんなり受け止められるかもしれないのに、「あそこの家は普通じゃない」と大人が言ってしまうと子どもたちもそう思いこんでしまう。

もちろん、その子自身が「なんでうちはお父さんがふたりなんだろう？」と思うこともあるでしょう。そのときは、きちんと親が子に説明してあげればいいんです。シングルマザー、シングルファーザーの家庭の子どもは、「なんでうちはお母さん／お父さんしかいないんだろう？」という疑問が湧いてきたら親がそれに答えるわけですよね。里子《さとご》や養子《ようし》縁組《えんぐみ》の場合も同じ。子どもには知る権利がある。親子関係や社会規範的な意識などが影響して難しい問題でもありますが、養育者である親はきちんとそれに答えられる社会であってほしいですね。つまり、親子だけの問題にするのではなく、周囲の人たちもその家族をサポートしてあげたいですよね。

もうひとつみんなに考えてほしいのは、家族には子どもがいることが幸せなのか、ということです。

――あー、それ、今ずっと思ってた。私、あんまり子どもって好きじゃないから、ほしいって思ってないんだよね。でも今、みんなで子どもがほしいっていうことしか話してなかったからモヤモヤしてた。

異性でも同性でも、結婚したら子どもを育てることがいい、子どもがいないのはかわいそうという価値観も、社会によってつくられたものですよね。みんながみんな、そう思っているわけではないのに。子どもを持つかどうかということは、その人個人の、またはパートナーとの合意の上での、選択です。その選択が尊重される社会をつくりたいですよね。

5 セクシュアリティで差別されるの？

しかし残念ながらセクシュアリティによって、差別を受けてしまう局面が、今の社会にはまだまだあります。

たとえば、就職試験。その仕事に向いているか、能力があるのかが重要視されるはずなのに、見た目の性別と戸籍《こせき》の性別が違うというだけで、就職差別を受けてしまうことがあります。すごく残念なことですよね。

就職した後も、結婚しているかいないかで、仕事の割《わ》り振《ふ》られ方や信頼の度合いが変わってくることがあります。結婚している人のほうが信頼感がある、とみなされる。たとえば「あの人はレズビアンだから、取引先にどう思われるかわからない」「周囲の人が困惑《こんわく》するかもしれない」という感じで、不当に評価されてしまう可能性もあるかもしれない。

学校の先生でもそうです。教師という職業を選ぶ人たちのなかには、レズビアン、ゲイ、バイセクシュアル、トランスジェンダー、いわゆるＬＧＢＴの人を含むセクシュアル・マイノリティの人も当然います。するとその人たちに対して「そういう人に、子どもを教えられるのか?」という意見を言う人たちが出てくるんです。これは全国調査の結果、明らかになっています(「日本におけるクィア・スタディーズの構築《こうちく》」研究グループ編『性的マイノリティについての意識2015年全国調査報告書』)。

――反対意見のほうが多いの?

その調査では、年齢が高齢になるほど、また子どもを持っている人ほど、「LGBTの人は学校の先生にはなってほしくない」という意見の割合が高い、というデータがあります。

私はむしろいろいろなマイノリティ性を持った人のほうが、豊かに人権問題を語れるかもしれない、教えられる子どもたちの視野も広がるかもしれないと思っています。もちろん、マイノリティ性だけを持っていればいいというわけでもありませんし、マジョリティの先生にもそういう教育はできます。

ただ、ある職業にセクシュアリティの属性を無理やり結びつけて排除《はいじょ》するというのは人権侵害ですし、社会にとっても残念なこと、もったいないことだと思います。

もちろん、セクシュアリティに関係なく、自分の能力が評価されて、職場で活躍しているセクシュアル・マイノリティも、マジョリティの人も、たくさんいますよ。みんながそのように自分の力を発揮して、活躍できるようになったらいいですね。

6 トイレや更衣室は2タイプじゃ足りない？

学校の内側にも問題はあります。さっきも話しましたが、たとえばトイレや更衣室《こうい》。男女別の2種類並んでいるのがよくありますよね。それはマジョリティの人たちしか想定していないから。男同士だったらいい、女同士だったら恥《は》ずかしくない、みたいな感じで乱暴に二分《にぶん》されているのが現状です。

――それで困る人がいるの？　……あ、トランスジェンダーの人とかは困るよね？

そうですね。自分の体の性に違和感《いわかん》を持っているトランスジェンダーの人が困っている場合もあります。性自認がどちらでもないという人も、男女別のトイレには入りにくいと思う人もいるかもしれませんね。一方で、セクシュアリティに限らず、いろいろな事情から「他人に体を見られたくない」と思う人もいますよね。でも、学校のように多くの人数が集まる場は、すごく「効率《こうりつ》」が求められてしまうんです。だから「男／女」で二分するのが手っ取り早い、いちばん楽、ということになってしまっているのが現状です。

でもね、ちょっとの工夫で、配慮《はいりょ》することはできるんですよ。たとえばトイレは、男子トイレ、女子トイレのほかに、「だれでもトイレ」を設置するとか、男子トイレも個室をメインにするとか。

だから将来、建築・設計関係に進みたい、建築デザイナーになりたい、という夢がある人は、セクシュアリティにおけるバリアフリーもぜひ建物の設計に取り入れてくれるといいですね。車椅子《くるまいす》が通れるくらいの通路の幅《はば》を確保する、手すりをつけるというのと同じ感覚で、セクシュアリティやジェンダーが障壁《しょうへき》（バリア）にならないようなトイレや更衣室を考えてほしい。選択肢《せんたくし》が増えるっていうのは、すごく重要なことですよね。

7 性別に違和感があると思ったら、どうすればいい？

――トイレとかの問題がクリアになっても、自分の性別に違和感がある人には、根本的な解決にはならないよね。そういう人はどうすればいい？

大人になってから、戸籍の性別を変えることはできるんですよ。２００４年に施行された「性同一性障害者《せいどういつせいしょうがいしゃ》の性別の取扱いの特例《とくれい》に関する法律」には、５つの要件《ようけん》を満たせば戸籍の性別を変えることができる、と定められているんです。

18歳以上であること、現《げん》に婚姻をしていないことと、現に未成年の子がいないこと、それから生殖腺《せん》がないこと、または生殖腺の機能を永続的に欠《か》く状態にあること、そして、その身体について、他の性別に係《かか》る身体の性器に係る部分に近似《きんじ》する外観を備《そな》えていること。ちょっと難しい言い回しなので、ひとつずつ解説していきますね。

「18歳以上であること」。これはわかりますよね。日本の成人年齢は２０２２年４月から

18歳ですから、17歳以下の未成年はいろんな場面で保護者《ほごしゃ》の承認が求められます。性別を変えることもその一つ。若いうちは情報や知識が不足していて、判断に迷いがあったり、リスクに直面する可能性もあったりしますから。だから、18歳以上が1つめの条件。

次の「現に婚姻をしていないこと」というのは今現在、結婚していないこと、という意味。これはなぜかというと、今結婚している人がその状態のまま戸籍の性別を変えると、法律上では同性同士の婚姻のパートナーができてしまうんですね。でも今のところ、日本の制度では同性婚を定めていません。

――結婚した後で自分の性別を変えたい、って思う人もいるの？

いますよ。結婚して子どもをつくったものの、それでもやっぱり自分の性別への違和感が消せない、心の性別で生きたい、と願うケースも実際に少なくないんです。そういう人は、性別を変えるためには離婚しなくちゃいけない。もしパートナーがトランスジェンダーであることを理解してお付き合いしていて、戸籍の性別を変えることに同意してくれていても、です。

3つめは、未成年の子どもがいないこと。これは自分の親が戸籍の性別を変えることになったら、未成年の子どもは動揺《どうよう》してしまうだろう、という配慮からです。実はこの要件は制定された最初の年は「現に子がいないこと」という項目だったんですね。でも途中から「未成年の」が付け加えられました。当初は20歳以上でも未成年でも子どもがいると戸籍の性別は変えられません、ということだったのですが、成人すれば子どもだってきちんと理解できるはずだ、という意見が多かったことで、要件が緩和《かんわ》されたんです。ただ、未成年の親は成人するまでの長い年月を待つしかないのか、という声もあがっている。この要件自体もなくしていきたい、という働きかけもあります。

4つめの「生殖腺がないこと、または生殖腺の機能を永続的に欠く状態にあること」と、5つめの「その身体について、他の性別に係る身体の性器に係る部分に近似する外観を備えていること」。これは体の性別適合《てきごう》手術を受けているか、つまり精巣《せいそう》や卵巣《らんそう》を摘出《てきしゅつ》しているか、ということです。なぜその必要があるかというと、生殖、つまり子どもをつくるための機能が残っていると、戸籍を女性から男性に変えた人が、妊娠・出産することが起きうるからです。プラス、同性婚に近い感じになってしまうことも考えられますよね。

――じゃあ手術を受けないといけないんだ。

そうなんです。ただ、手術って体にいろいろなリスクを伴《ともな》いますし、経済的にも負担があります。厚生労働省は2018年度から「性別適合手術」に公的医療保険が適用できるようにしましたが、その条件も限定的で、また健康状態や経済状況など、いろんな理由で手術を受けられない人、受けたくない人もいます。その人たちは戸籍の性別も変えられないままなので、精神的負担も大きく、社会生活でもいろいろと不都合《ふつごう》が生じてしまうかもしれない。

——他の国も同じ要件なの？

国によってさまざまです。体のかたちや機能を、性別を変える要件に入れてない国もあります。だから、日本でもこの4・5番の要件を外《はず》していこうという議論もあります。トランスジェンダー、性同一性障害の当事者のあいだでもこの要件は必要だけど、あの要件は要《い》らないとか、いろんな意見があるんですよ。そこはやっぱり当事者を中心にさまざまな人たちが意見を出し合って、より良い制度をつくっていくのがいいでしょうね。今の時点では日本で戸籍の性別を変えるハードルは結構《けっこう》高い、ということは事実です。

――じゃあこの5つの要件自体も変わっていくかもしれないんだね。

2016年から選挙権年齢が18歳に引き下げられ、2022年4月から成人年齢も18歳になったので、1つめの条件も「20歳以上」から「18歳以上」に変わりました。

ただし、ホルモン剤の投与《とうよ》といったホルモン療法は医師と相談しながらであれば15歳から受けることもできます。

――ホルモン療法って？

その人の望む性にあわせた性ホルモン、男性ホルモンや女性ホルモンを定期的に投与して、望みの性別らしい体に近づけるための療法です。基本的には18歳から受けられます。ただ、医療機関、お医者さんで相談する必要があります。

トランスジェンダーの場合、体の成長が自分の思っている成長とは違う方向で進んでしまう、特に思春期のころはそれが急速に進んでしまって焦《あせ》る気持ちもあるでしょう。そういう場合は、いわゆる二次性徴《せいちょう》をいったん止める薬もあるんです。二次性徴抑制《よくせい》ホルモンといいますが、今は保険が効かないので5～7万円ぐらいと高額です。処方《しょほう》を止めればまた成長が再開します。

——病院でそんなことやってくれるんだ。

ジェンダークリニックといわれるところを含め、医療機関であればそういう治療を行ってくれるところはあります。体のことなので、ちゃんとお医者さんに相談することが大切です。

最近はネット通販でホルモン剤を購入して、自分の判断で投与してしまう若者のケースが危惧《きぐ》されています。でもセクシュアリティって若いときはまだ確立しきれていないこともあって、すごく揺《ゆ》れることもあるんですね。トランスジェンダーと同性愛を混同して「自分はこっちなんだ！」と勘違《かんちが》いして行動する人もいるんですよ。たとえば、「自分は同性が好きだから、異性にならなくちゃいけないんだ、なりたいんだ」と思い詰《つ》めてしまった人がいました。でも、じっくり考えたら、別に同性が好きなだけで、自分の性別自体には違和感はなかったんだ、と後から気づくこともあるんです。

——そっか。そこを勘違いしたまま体を変えちゃったら大変だよね。

だからそこはゆっくりじっくり進めてほしいですね。ちゃんと話を聞いてくれる大人は周囲に必ずいるので、焦らずに相談するところから始めていきましょう。自分の気持ちが整理できなかったり、揺れ動いたりするのは、誰だってあることですから。

自己判断でやってほしくない理由はもうひとつあります。ホルモン治療には健康上のリスクもあるんですね。他の疾病《しっぺい》を持っている人、定期的に薬を飲んでいる人は、ホルモン治療を行うことで副作用が出てくることもあるかもしれない。さらに、ネット上で買った薬が、偽物だったということもあります。

ですから、絶対に医療機関で行うことが前提です。

――でも病院に行くとなると、どうしても親に自分のセクシュアリティをカミングアウトしなきゃいけなくなっちゃうよね……?

その通り。ここが難しいところで、トランスジェンダーの場合でも、レズビアン、ゲイ、バイセクシュアルでも、親へのカミングアウトは、すごくハードルが高いですよね。特に中学生の場合は、ほとんどの人が親と一緒に暮らしている。理解されないから親子の縁《えん》を切ろうと思っても、そう簡単には切れません。

一方で、みなさんの親の世代の大人は、こういった性の多様性についての勉強は受けてこなかった世代なんですね。ですから、まだまだ偏見《へんけん》を持っている人も多い。そうするとカミングアウトした結果、親から拒絶《きょぜつ》されたり、親自身が「私たちの育て方の責任かもしれない」と悲しんでしまったりすることもあるかもしれない。そんなふうに親を悲しませたくない、と思う人もたくさんいるでしょう。ですからカミングアウトをためらうことは無理もないことなんです。

ただし、繰《く》り返《かえ》しますが、セクシュアリティの問題は、育てられ方の問題、つまり親の責任ではありません。たとえば、子どもが左利《き》きなことに対して、「私の育て方が悪かった」と嘆《なげ》く親はあまりいませんよね。それと同じくらいに考えてくれれば、と思うんですけれども。だから本来は「悲しませる」ことでも「悲しいこと」でもない。

これは大人になってからの悩みかもしれませんが、同性愛者であることから「親に孫《まご》の顔が見せられない」ことに罪悪感を抱く人もいます。でもね、やっぱり自分の幸せを何よりも一番に考えてほしい。自分が幸せであることが、親の幸せにもつながるかもしれません。

――ハードル高すぎる……。自分だったらうまく伝えられるかな……。

心配ですよね。やっぱり一回のカミングアウトですべてをわかってもらうのは難しいことです。カミングアウトって一回きりのものと考えている人もいるかもしれませんが、そうじゃないこともあります。まずは一回カミングアウトした後で、何度も説明をしたり話し合いをしたりという長いプロセスを含めての行為、というふうに考えてくれるといいかなと思います。大変ですけどね。

カミングアウトする本人もいろんなことを話したいでしょうし、親としてもやっぱりいろんなことを聞きたいと思うので、根気強く話し合いを続けていくのがいいと思います。

もしも、自分ひとりじゃ不安だ、親にうまく伝えられる気がしない、というなら、助けてくれる大人、親とのあいだに入ってくれる大人を探しましょう。保健室の先生、電話相談室、それ以外にもあなたが住んでいる地域にセクシュアル・マイノリティ当事者のグループが見つかるかもしれません。そういうところに連絡を取ってみてください。どういうふうに親にカミングアウトすればいいのか／しなくても大丈夫なのか、トラブルになったらどうすればいいのか、人生の先輩がきっとアドバイスをくれるはずです。

また、カミングアウトを受けた親や家族などを助けてくれるところとして、セクシュアル・マイノリティの子どもを持つ親の会というのもあります。カミングアウトを受けた親だって驚いたり悩んだりしている。同じ悩みを持つ人が周囲にいないとやっぱりしんどいときもありますよね。だから同じような悩みを持つ人たちがちゃんとつながって、自分たちの子どものこと、子育てのことについて、屈託《くったく》なく話ができる場をつくりましょうというコンセプトです。ですから、カミングアウトをする前に、そういうところを紹介できるように準備をしておく、とかね。あとは本を用意しておくのもいいかもしれない。親の疑問に答えてくれるような、セクシュアリティについての本。カミングアウトをするなら、万が一、拒絶されちゃう可能性を考えて、やっぱりいろいろな準備をしておいたほうがいいと思いますよ。

中学生のみなさんはそんなに接する機会がないかもしれませんが、地域の保健センター、保健師さんも相談窓口になってくれるはずです。学校の先生にも言いづらいというときは、地域の保健師さんに相談してください。きっと力になってくれるはずです。

巻末（220〜221ページ）に電話相談できる窓口を紹介しておきますので、参考にしてください。とにかくみなさんに伝えたいのは、助けてくれる、支援してくれる大人が必ずいるということ。そのための情報はぜひ知っておいてください。その上で、カミングアウトをしないというのも、ひとつの選択です。

8 学校と家以外にも、居場所をつくっておこう

――助けてくれる大人、見つけられるかなぁ。

中学生のコミュニティは、家と学校とクラス、部活、あとは塾や習い事ぐらいでしょうか。そこでの生活時間が長いと、それ以外のつながりはあまりないかもしれませんね。だからまだまだ狭いともいえます。

でもね、高校生になったらもっといろいろなコミュニティの人と関われる可能性が出て、人づきあいも広がっていくチャンスがたくさんやってきますよ。そうやって、いろいろな人や価値観と触れ合うことで自分をつくっていく。大人になったら、高校生のころ以上に、出会いがあるはず。だから10代のうちにそういう作業を始めておくことは、すごく大切なことだと私は思います。

もしも今、自分の居場所《いばしょ》を見つけられない、クラスで自分はちょっと浮いていると感じ

る人は、教室の外に出て行くといいかもしれませんよ。学校だったら保健室や図書室。外だったら近所にある図書館や公民館やコミュニティセンター。これまで話した多様な性について知りたければ、地域にある男女共同参画《さんかく》センターという場所も面白いですよ。

どこも無料ですし、年齢や性別を問わず、誰でも利用できる場所です。そういう場所ではいつも何かしらイベントや学習会、講演会が行われているんですね。そういう場所に出入りしてみると、いろいろな発見があるかもしれない。若い世代の人に向けたイベントや勉強会もたくさんありますよ。

――図書館は、よくテスト前に行って勉強してる。

普段から、静かな図書館で宿題や勉強をしている、という人も多いかもしれませんね。私が大学で教えている学生には、「高校時代は、週6で図書館で勉強していました」っていう人もいますから。そういうふうに利用するのもいいし、図書室や資料室の司書《ししょ》さんに「どんな本があるんですか」といろいろ質問して、仲よくなるのもありですよ。「こんな本が読みたい」「こんな映画を見るイベントがあればいいのに」とリクエストしてもいいし、協力してもらってあなたがイベントを主催するのだってきっと面白いですよ。そういうリクエストって、職員の人もとても喜んでくれると思うんです。みんなのための場所を積極的に使ってくれるわけですから。

中学生でも、お金がなくても、人とのつながりを増やしていく方法や、味方になってくれる人を見つける方法は必ずあります。もしも居場所がないと悩んでいるなら、一歩、踏み出してみてください。

――うちの地域にも男女共同参画センターってあるのかな？　あとでインターネットで調べてみよう。

⑨ 「ダイバーシティ」ってなに？

ところでみなさんは、「ダイバーシティ」という言葉を聞いたことはありますか？

――なにそれ？

「多様性」という意味の英語です。これは最近、企業などが「ダイバーシティを大切にしてこの会社を運営していきましょう」といった言い方でよく使う単語です。ダイバーシティ、多様性と聞いて思い浮かぶことはないですか？

――性、セクシュアリティのこと。

そう。セクシュアリティの話をずっとしてきたから、性のことがまずは思い浮かぶかもしれませんね。でも、実は他にもたくさんありますよ。

――いろんな国籍の人がいるとか？

そう。今、この教室のなかにもいろんな国籍の人、異なるバックグラウンドを持った人がいるんじゃないかな。日本だと感じる機会が少ないかもしれないけれど、宗教の違いもそう。障害のあるなしもそうです。日本はまだまだ男性中心の社会なので、女性がもっと安心して働けるような権利を保障することもダイバーシティです。

将来、みなさんが社会人になったとき、何か商品やモノをつくる仕事に携《たずさ》わる人も、きっとこのなかから出てくるでしょう。そのときに、ある一部の属性《ぞくせい》の人たちだけが使いやすいモノではなく、いろんな人が使いやすいモノ、使えるモノをつくってほしいな、と思います。なぜなら社会には本当に、いろんな属性の人がいるのですから。

たとえば、駅の改札をＩＣカードでタッチするとき、右利《き》きの人は「ごく普通に」右手で行いますよね。タッチする部分が右側にあるから。でも左利きの人には、あれはちょっと不便なんですよ。いちいち利き手から持ち替えなきゃいけなかったりするから。

文房具もそう。今は左利き用のハサミがあるけど、昔は右利き用のハサミしかありませんでした。右手と左手、どっちで持ってもストレスなく切れるハサミが発明されたら便利だと思いませんか？

そういう誰でも使いやすいモノ、障害のあるなしに使えるデザインを「ユニバーサルデザイン」といいます。そういう考え方の延長線上で、セクシュアリティの多様性も考えられるかもしれませんね。いろんなセクシュアリティの人が使いやすいもの、生活が豊かになったりするものが、これからどんどん生まれてくるといいと思います。

――そうだね。

目に見えるモノや商品だけの話ではありません。たとえば、フランスにはPACS《パックス》（Pacte Civil de Solidaritéの略。「民事《みんじ》連帯契約」と訳す）という制度があります。もともとは同性カップルのためにつくられた法制度で、結婚ほど強い契約ではないパートナーシップ制度なんですね。この制度を、同性カップルはもちろん、異性カップルも登録することができるようにしてみたところ、年々、異性カップルのほうが増えていって、今では同性カップルよりも異性カップルのほうが多く登録しているんです。

マイノリティの人たちのために使いやすい制度を使ったら、結果的にあらゆる人が使いやすい制度になった、ということの一例といえるでしょう。

10 「自分らしさ」ってなんだろう？

さて、ここまでセクシュアリティのことを話してきましたね。でも、私たちはみんな、セクシュアリティだけでつくられてるわけではないですよね。「あなたは何者《なにもの》ですか？」

と聞かれたときに、みなさんだったら、どう答えますか。

——え〜。とりあえずは名前と、学年かなぁ？

——何者？　って聞かれると、答えるの難しいかも。

「何者？」なんてあんまり聞かれないかもしれないから、答えるのが難しいかもしれませんね。たとえば、〇〇中学校の何年何組、何番と言う人もいるでしょう。出身地、性別、性的指向などのセクシュアリティ、民族、信じている宗教、人種を答える人もいますよね。お父さんとお母さんの国籍や出身地を言うこともあるでしょう。体や髪型などの外見について言うかも。職業や、家族構成も。趣味《しゅみ》も、そうですよ。音楽を聴くのが好き、スポーツが好き。スポーツでも、野球、サッカー、ラグビー、水泳、人によっていろいろですよね。どれを一番に挙《あ》げるか、どれを強調するかというのは、年齢や、そのときいる場所や、誰と一緒にいるかでも変わってくるでしょう。最初にも話しましたが、そういうふうに自分という存在を説明するものを、「アイデンティティ」といいます。

さあ、もう一度聞きます。あなたは何者ですか？

――最初に聞かれたときよりは、たくさん思い浮かぶかも。

挙げれば挙げるほど、自分とまったく同じ人なんていないということがわかってくると思います。逆に言えば、他の人とは違う、「自分」が見えてきますよね。

――たしかにそうかも。

――でもさ、けっこう他の人と重なるものもない？

――うん。どれかは誰かと重なるね。自分だけの要素っていうほうが少ないかも。

――でもいろいろ合わせると、やっぱりそんな人は自分だけだね。

いいところに気づいたね。「私」っていう存在がどういうものかを考えると、すごく面《おも》白《しろ》いですよね。他の人のことを考えてみても、いろんな人と共通するものもありますが、いろんな要素を持った存在としては、一人ひとり違ってくる。

今の日本は、いろんな要素を持っている人たちが一緒に暮らしています。年齢、国籍、出身地、社会的地位、人種、民族、文化、宗教、言語、障害、性自認、性的指向、などなど。でもそういう要素に関係なく、友だちになったり、仕事に就《つ》いたり、いろんな人間関係をつくっていっていますよね。自分のアイデンティティとしては、どれもがすごく大切な要素で、だからこそ他の人からもそれを大切にされたいと思うでしょう?

――うん。自分の大切さっていうのがわかってきたかも。

あとは、こんなにもたくさんの要素の集合体でもある「私」なのに、たったひとつの要素しか見てもらえずに、そこだけで判断されてしまったりということもありますよね。

――ある！　私が外国で育ったって言うと、外国人扱いされたりするの。みんなと違うことやると「やっぱり日本人とは違うよね」とか言われたり。「日本人」ってみんな同じことするの⁉　って逆に聞きたくなっちゃう。それに私だって「日本人」なのに。

そういうふうに、ある一つの要素だけで「みんな」「私たち」「あの人たち」とくくることをしがちですが、さっき話したように、さまざまな要素の複合的《ふくごう》な「私」として考えると、ひとつの要素だけで「みんな同じ」とくくったり、その人自身を判断したりすることは、すごく乱暴なことですよね。

みんな一人ひとりのなかに、どれも捨てることのできない大切な要素が詰まっています。もちろんそのひとつとして、セクシュアリティも大切。でもそれだけがすべてではなくて、他にも大切なものはいっぱいあります。セクシュアリティのことがどうでもいいくらいに他のことで頭がいっぱいなときもあるし、セクシュアリティが一番大きくなるときもあります。

──先生もそう？

もちろん。今、こうやってみなさんと話しているときは、「研究者」「大学教員」というアイデンティティが大きくなっています。でも普段《ふだん》、友だちとおしゃべりしているときには「研究者」なんてアイデンティティは見当たらないくらい小さくなっていることが多いですし、趣味《しゅみ》が同じ友だちと話しているときは、友だちとの仲間意識が大きくなっているし、親と話しているときは、やっぱり「子ども」というアイデンティティが大きくなることもある。場面や状況、関係性によって変わってきますよね。

——やっぱりいろんな要素を持った「自分らしさ」が大切っていうことだよね。

そうともいえる、かもしれません。きっとみなさんは、学校やいろいろなところで「自分らしさを大切にしましょう」と、よく言われてるんじゃないでしょうか。

——うん。よく言われるし、自分たちでも言ってるかも。

「自分らしさを大切にしましょう」っていう言葉、どう感じます？

——え？　やっぱ大切だと思う。

——うん、ぼくも自分らしく生きたい。

――うーん。俺も自分らしく生きたいと思ってるんだけどさ、たまに「それってお前らしくない」って言われたりして。そんなときは「自分らしさ」ってなんだろうって思う。

――あー、わかる！　勝手に「自分らしさ」をイメージされちゃうんだよね。

――「そういうキャラじゃないじゃん」って友だちに言われたことあるなあ。

そういうことを、みんないろいろ経験していますよね。「自分らしさ」が大切だということはわかっているんだけれど。でも、そこで「らしさ」という枠をつくってしまうと、その枠にはまり続けることを、自分からも、他人からも求められてしまったりしますよね。

――そういうの、すごく窮屈。

そうですよね。さっき考えてもらった「私」を構成する要素も、これからみなさんがいろんなことを経験するなかで、増えるものもあれば、無くなるものもあるかもしれません。

人は常に変わり続けていきます。時と場合によって変わることもあれば、年齢を重ねることで変わっていく部分もある。そんなふうに、揺れ動いて変化していく自分自身のことを、みなさんが楽しめるといいなと思います。

ダイバーシティという言葉も、「マイノリティを大切にしてあげましょう」という意味ではないんです。多様な自分を大切にするのと同じくらい、多様な他者のことも尊重して、みんなでより豊かな社会をつくっていきましょう、という意味なんです。そうはいっても、大人だってそれを実行していくのは、実はなかなか難しい。でも、10代のうちから、そのことを少し意識していくだけでも、人生の豊かさはきっと違ってくると思いますよ。

たまに、「自分探し」という言葉が使われますが、「自分」なんて、どこかへ探しに行って見つかるものではないと思うんです。つくって、壊して、つくり直して。それを繰り返していくのが、「自分」という存在なのかなと。私を含めて、みんなの周囲に今いる大人たち、先生や親だって、実はまだまだ人生に右往左往《うおうさおう》しているはずです。セクシュアリティをはじめとして、いろんな要素を持ち合わせた「私」、それと共通のものや違ったものを持ち合わせている「あなた」、そういったさまざまな私たちが、安心して右往左往できるように、人権を保障するための法律や規則といった制度をみんなで考えて、さまざまな人々が対等、平等《びょうどう》でいられる社会のシステムをみんなでつくっていく。今日の話が、そのきっかけになってくれたら、とてもうれしいです。

かなさんにききました

1974年生まれ。大学入学を機に上京。卒業後、塾講師として働いた後、結婚。数年間の専業主婦生活を経て、事務職として職場復帰。離婚を機に猛勉強して教員採用試験に合格。現在は小学校教諭として働きながら、10代の娘、パートナーとの3人暮らし。

誰にも言えなかった親友への恋愛感情

私のセクシュアリティは、パンセクシュアル（全性愛《ぜんせいあい》）と呼ばれるものです。小学生のときから、「女の子も男の子も好き」とぼんやり感じていましたが、違和感《いわかん》が募《つの》ったのは中学生になってから。友だちから借りたBL漫画から同性愛の存在を知ったのですが、「じゃあ女子と男子、両方を好きになる自分は何なんだろう?」とモヤモヤと悩みが深まってしまって。好きな男の子もいたけれど、すごく好きだった幼馴染《おさななじみ》の女の子がいたんです。でも友だちの枠を超えたら、彼女との関係性が壊れるかもしれない。それが怖くて、ずっと気持ちを伝えられないまま友だちを続けていました。当時の自分の日記を読み返すと、「どうしよう」「こんな私は普通《ふつう》じゃない」と悩んでいた痕跡《こんせき》がわかるんですよ。女の子同士で恋愛している人なんて、周囲にひとりもいないと思っていましたから。

そんな状況に長年悩んでいたこともあり、20代半ばに「結婚」という選択肢に「逃げ」ました。夫となる人には、結婚前に自分のセクシュアリティを打ち明けました。「同性の友人のことがずっと好きだった」と伝えたら、「好きなままでいいよ」と言ってくれて。彼がカミングアウトをした初めての相手になりました。その後は塾講師を辞《や》め、娘を出産し、専業主婦となりました。

男性と一緒に暮らすことが苦痛だった

ところが結婚生活を始めてみると、「男性と暮らす」ことがどうにも上手《うま》くできなかったんです。交際することはできても、一緒に暮らすことはしんどかった。「妻は夫を立てるべき」のような考え方も、夫が家事や育児を一切《いっさい》やらないことも理解できませんでした。

私の母親は私が小1のときに再婚しているのですが、義父がとても優しくてマメな人だったんです。料理も家事もわりとしていたし、私ともよく遊んでくれた。そういう父親の姿を見ていたから、夫がそうでないことに驚いてしまって。不満を抱いたまま10年間がんばりましたが、結局は離婚に至りました。私が30歳を過ぎたころのことです。

そこから娘とのふたり暮らしが始まったのですが、当時の私ひとりの収入では家計を支えるのが厳しくて。実家に戻ろうかと悩んでいた矢先に、教師をしているママ友から「学校の先生を目指してたんだよね？今からでもなれるよ」と言われたんです。それで翌月に通信制大学に願書《がんしょ》を出し、仕事をしながら教員免許を取って、翌年には小学校の採用試験に無事合格できました。もう必死でしたね。「ここで合格できなかったら母娘《おやこ》で路頭《ろとう》に迷う」という危機感があったので。

そんなふうにして念願だった教職には就けたのですが、小学校でも何かしら自分の専門分野をつくらなければいけなかったんです。それで何を専門にしようかとさまざまな研修に参加していたときに、たまたま今のパートナーである「彼」と出会いました。

トランスジェンダーの「彼」との出会い

私自身、結婚はもうこりごりでしたが、人生を一緒に歩めるパートナーはほしかった。理想はお互いが自立していて、でも手をつないで歩けるようなふたり。そんな私の考え方に共感してくれたのが、5歳年下でトランスジェンダーの彼、Wさんでした。

ただ、そのころの私はLGBTなんて言葉も知らなかったし、セクシュアリティの知識が皆無《かいむ》だったので、彼から「FtMのトランスジェンダーです」と自己紹介されても「?」という感じでした。でも、わからないなら調べてみようと思って、トランスジェンダー男性のブログを読んだり、いろんな勉強会に参加したりして学んでいくうちに、自分がいかにセクシュアリティのことについて無知だったかがわかってきて。「知らない」ってすごく怖いことなんですよ。たとえば私が小学生のとき、担任の先生が「家にお花を飾らない家庭は普通じゃない。普通じゃない家庭は幸せになれない」と言ったことがありました。それを聞いたとき、私は「しんどいな」と感じたんです。私の家は花を飾るような家庭じゃなかったから。でも私だって、セクシュアリティに関してはその先生と同じようなこと、つまり「普通」という思いこみを押し付けていたかもしれないと気づかされた。そんな発見が積み重なっていくうちに、「多様な性のあり方、家族のかたちがあることを、教員として子どもたちに伝えていくべきでは」と考えるようになってきたんです。

並行して、彼との距離もどんどん縮まっていきました。最初のうちは遠距離恋愛でしたし、彼は実家暮らし。私も娘がいて教師の仕事も忙しかったから「年に2回くらい会えればいいよ」というスタンスでした。でも会えば会うほど、「もっと一緒に過ごしたい」という気持ちがどんどん高まってきて。それに、彼としては実家の親から「娘」として扱われることもしんどかったらしくて。私はここまで「彼」と呼んでいますが、彼は戸籍も身体も女性なんです。

そういった背景もあったので、「じゃあうちに来て一緒に暮らさない？」と私から誘いました。ただ、娘にどう伝えるべきかは悩みましたね。最初は「私の友だちのWさんだよ」と紹介したんです。それで3人で一緒にお出かけしたり、娘の家庭教師をしてもらったりして、徐々に距離を縮めていって。ある程度、親しくなってから、「あのね、Wさんが事情があって実家を出たいそうなんだけど、今うち部屋が余ってるでしょ？　ちょっと貸してあげていい？」と娘に打診《だしん》したら、「いいよ」とすんなり同居をOKしてくれました。

10代の娘への「結婚宣言」

娘にちゃんと話をしたのは、その1年後くらい。中学校の卒業式や祖父の葬儀《そうぎ》などが重なって、周囲から「あの人は誰？」と言われる機会が増えていき、娘の前で答えられないことも多くなってきて。じっくり時間をかけてと思っていたけど、彼と相談して「そろそろきちんと話をしないとダメだね」と意見が一致したので、娘に改まって「Wさんを私たちの家族に迎《むか》え入れたい。結婚したいと思うんですけど、いいですか」と聞いたんです。そしたら娘は「もうわかってたよ」って（笑）。

ただ、娘としては「自分の名字《みょうじ》が変わるんじゃないか」ということがすごく心配だったみたいで。名字は変わらないし、今の生活も何も変わらない。ただ、あなたを助けてくれる保護者が私とあなたのパパの他に、もうひとり増えるだけ。だから心配はしないでいい、ということはしっかり伝えたつもりです。

　Wさんはホルモン治療を行っていないしする予定もないので、今の日本の法律では戸籍の性別を変えられません。だから、結婚も法律上できないんです。今の娘にとってWさんは、年上の親戚のような感じ。「父親」ではないんです。でも、彼にもそれがちょうどよかったみたいで、「親として（家族に）入るのはしんどかったけど、ゆるい家族として入っていくぶんにはまだハードルが低かった」と言ってました。最近では、娘は実父であるパパの愚痴《ぐち》や学校での困りごとなども彼に話したりしているようです。私には、ちっとも話してくれないですけど。

　家事は3人で分担しながら回しています。平日の朝は私の担当。夕食づくりは娘と彼で。土日の料理は私、土日の洗濯は娘、掃除は得意な彼の担当といった具合で、できる人ができることをやる。そういうバランスが快適です。

　彼と出会えたことは本当にラッキーだったと思っています。直面したくない現実から逃げるように結婚して、娘が生まれて、これからは娘のために生きていこうとそれまでは思っていた。でも彼に会って初めて、「自分のために生きていきたい」と思えるようになったんです。この先の人生で本当に自由に動けるのなんて、あと20年くらいじゃないですか？　それならば、彼に一番近いところで過ごしていきたい。

　もちろん、大変なこともたくさんあります。トランスジェンダーの彼のことは、近くにいてもわからないことだらけだし、ぶつかることもあります。でもそういうのも全部ひっくるめて、一緒に生きていきたいと思っています。

家族や同僚へのカミングアウトと反応

お互いの実家へのカミングアウトも済《す》ませています。彼の実家にふたりで一緒に帰省して、ご両親にパートナーとして紹介してもらいました。ご両親、とくにお父様はやっぱり拒絶反応があったようですが、お母様はちょっとずつ受け入れてくださっているのかな、という印象を受けました。

私の実家へのカミングアウトはずいぶん前にしました。離婚をした直後に、母親に「私、これから女の人と付き合うかもしれない」と打ち明けたんですよ。そうしたら母は「別にいいんじゃない」という感じで。ただ、その言葉の真意は「娘のあなたがどんなセクシュアリティでも受け入れる」という意味ではなかった。「ちゃんと仕事をして生活していくのなら、別にあとは好きにすればいい」というのが母の言い分だったようです。

兄からは「お前は男で失敗したから、女を好きになったんだろう」と言われて大喧嘩《おおげんか》をしました。わりとうちの家族は差別意識が強いんですよ。でもその反面、家族の結束《けっそく》はすごく強い。いったん家族になると、大事にしてくれる。だから私が彼を紹介して、「この人と家族になります」と宣言したら、「わかった、じゃあ家族だ」と受け止めてくれて、「トランスジェンダーの人はどんなことで困るのか?」「どういうことを言われたら嫌《いや》なんだ?」といろいろ聞かれました。一緒に家族でドライブに行くときは、「だれでもトイレ」があるところを調べてくれたり、旅行するときも大部屋じゃなくて個室を選んでくれたりと、気を遣《つか》ってくれています。

前の職場では、仲のいい同僚のふたりにだけカミングアウトしました。女性の同僚は「私の友だちにもセクシュアル・マイノリティの人がいるよ。別にあなたはあなただし変わらないよね」という感じでしたね。男性の同僚からは「今年一番びっくりしました！」と言われました。でも、その後に同僚の自宅に彼を連れて行って、同僚とそのパートナーの方と私たちの４人で一緒にごはんを食べたりもして。後日、その同僚からは「トランスジェンダーって会う前はすごい特別な人なのかなと思ってたけど、話してみたら全然普通なんだね。会ってよかった」と言われました。

「伝える」難しさに向き合いたい

教師として性や家族、生き方の多様性を、子どもたちにどう伝えていくか。このテーマに関してはここ数年、ずっと学校の授業で取り組んできました。でもやっぱり簡単ではないですね。「ＬＧＢＴとは……」みたいな知識を教えるだけの授業だと、子どもたちの心がピシャッと閉じてしまいます。反応がしらっとして、冷たい感じになる。最近では『わたしはあかねこ』『りつとにじのたね』などの絵本を入り口に、子どもたちの日常生活に引き寄せながら話し合う授業を行っています。

ただ本音《ほんね》を言うなら、子どもたちより、大人である同僚の先生たちに多様性について伝えるほうが難しい。過去に、教職員を対象に「性の多様性」の校内研修もやったのですが、驚くほど伝わりませんでした。それもあって今の職場では自分のことはカミングアウトはしていません。

相手が大人でも、子どもでも、身近《みぢか》な人でも、「伝える」ことはすごく難しい。たとえば以前、私はパートナーに「あなたはそのままでいいよ」と言っていたんですね。でも最近になって彼から「ああ言われるのは本当はつらかった」と言われて。彼はトランスジェンダーで、自分の身体にすごく嫌悪《けんお》感があるから、その身体を「そのままでいい」と言われるのは苦痛だったそうなんです。彼にそう本心を言われて初めて、「なんで私は気づけなかったんだろう」とすごく反省しました。

セクシュアリティに限らず、私たちはみんなそれぞれの事情を抱《かか》えていますよね。性のあり方ではマイノリティではなくても、別の面ではマイノリティ性を持っていることだってある。他人のことを全部理解するのは難しいし、関わり合うことで、傷ついたり傷つけられたりもする。それでも、相手のことを想像して、思いやって、関わり合っていきたい。教員としても、個人としてもそのための活動を今後も続けていければと思っています。

おわりに

数ある「中学生の質問箱」シリーズのなかから、この本を手に取ってくれてありがとうございます。いかがだったでしょうか。広大な「性の多様性」の地図を描《えが》けたでしょうか。

その地図を持って、自分の居場所を見つけられたでしょうか。地図を持っていても、その広大さのなかで「遭難《そうなん》」してしまったかもしれませんね。

私は「はじめに」で、「あなたはどんな名称《めいしょう》のセクシュアリティにくくられますか？」という質問をしました。みんなで描き直した「性の多様性」の地図を手に入れたあなたは、どのように答えますか？　人数としては多数派のセクシュアリティの人は、もう「普通《ふつう》」という言葉ではなく、「シスジェンダーで異性愛」と答えてくれたかもしれませんね。その他のセクシュアリティの人の中にも、自分が当てはまるセクシュアリティの名称を初めて知った人もいるかもしれませんね。もしくは、「いくつかのカテゴリーにくくることなんてできないんだから、その質問自体がセンスない！」と答えてくれた人もいるでしょうか。

そんな多様な性をもつ多様な人々が共《とも》に暮らしているこの社会を、どのようにつくっていくのか。それを考えるきっかけになってくれれば嬉《うれ》しいです。もっと知りたい、もっと深く考えたいという人は、巻末《かんまつ》のいろいろな資料にあたってみてください。

この本をつくるにあたり、インタビューに登場してくださった鈴木茂義さん、あっきーさん、かなさんに心より感謝申し上げます。みなさんの真摯《しんし》な生き方に、いつも励まされます。また、この本の企画をもってきてくださった平凡社の吉田真美さん、私の言葉を丁寧《ていねい》に編《あ》んでくださったライターの阿部花恵さんにも感謝申し上げます。おふたりとの打ち合わせで、新たな発見や深まりもあり、とても楽しい時間でした。みなさんがこれまで生きてきた道のりや思いをうかがい、自分自身のそれと照らし合わせたときに、いくつもの共通点と差異《さい》を発見し、それによって、この社会がもつ性をめぐるさまざまな課題を、今まで以上に深く考えることができました。

今回は、この本を手に取ってくださったあなたと、ここに登場してくださった方々、私、さらには私がこれまで学んできた「知」をつくってきた多くの方々との対話の、最初の一歩です。ぜひ次はその対話の輪《わ》を広げると共に、あなたの声を私たちや他の人たちに届けてください。そうやって対話し続けていける社会を共につくっていきましょう。

NPO法人 共生社会をつくる性的マイノリティ支援全国ネットワーク

http://www.kyouseinet.com/
国、自治体、学校などに適切な対応や支援を求めるために構成された団体。当事者と家族のサポート活動、DVDやブックレットなどの教材制作を行っています。

AGP ON LINE

http://www.agp-online.jp/
レズビアン、ゲイ、バイセクシュアルの充実した社会生活のために、医療、心理、福祉、教育の専門家や学生が、専門分野の知識と技術を生かして、必要な情報やサポートを提供しています。
電話：050-5539-0246（火曜日・午後8〜10時）
同性愛者の悩みや心の問題について無料で相談できます。

セクシュアル・マイノリティ電話法律相談

電話：03-3581-5515（毎月第2・第4木曜日〈祝祭日の場合は翌金曜日〉、午後5〜7時）
セクシュアル・マイノリティの法律問題に詳しい弁護士に無料で相談できます。東京弁護士会運営。

NPO法人ぷれいす東京

https://ptokyo.org
HIVとともに生きる人たちがありのままに生きられる地域づくりをめざしている団体。HIV予防・啓発のイベントやワークショップ、当事者の視点を生かした調査・研究、電話相談などの支援を行っています。
電話：0120-02-8341（月〜土曜日・午後1〜9時〈祝日、年末年始を除く〉）

ネクスDSDジャパン

https://www.nexdsd.com/
DSD（体の性の様々な発達状態：性分化疾患）を持つ人とその家族をサポートし、正しい知識や最新情報を発信するプロジェクト。世界のDSDサポートグループと連携しています。

一般社団法人“人間と性”教育研究協議会

https://www.seikyokyo.org/
「科学・人権・自立・共生」をキーワードに、子どもとともに性のあり方を考え、学校・地域・家庭での性教育の実践を行う団体。ホームページ内の「性と生のイエローページ」には、性についての悩みを相談できる全国の団体や施設の情報を紹介しています。

相談窓口・情報サイト

自分の性のことをもっと知りたいと思ったり、悩んだり、助けがほしいときに、相談したり、必要な情報を教えてくれるところがあります。電話やメールなどで気軽に相談をしてみましょう。

よりそいホットライン

https://www.since2011.net/yorisoi/
24時間通話料無料で、どんな悩みでも相談できます。セクシュアル・マイノリティ、性暴力の専門回線もあり、外国語でも対応します。一般社団法人社会的包括サポートセンター運営。
電話：0120-279-338（セクシュアル・マイノリティの相談は4番回線、性暴力、DVの相談は3番回線）

にじーず

https://24zzz-lgbt.com/
池袋（東京）、さいたま市（埼玉）、札幌（北海道）にある10代〜23歳ぐらいまでのLGBT（そうかもしれない人を含む）の居場所づくりをしている団体。友だちをつくりたい人、自分と同じ／違うセクシュアリティの人と話してみたい人などのためのオープン・デーを開催。

SHIP にじいろキャビン

http://ship-web.com/
横浜市（神奈川）にある、セクシュアル・マイノリティに理解のある人なら誰でも利用できるコミュニティスペース。10代限定のイベント「Cafe 10SHIP（カフェイチマルシップ）」も開催。カウンセリング、電話相談も行っています。
電話：045-548-3980（木曜日・午後7〜9時）

Deaf-LGBTQ-Center

https://deaf-lgbt-center.jimdofree.com/
ろう者で LGBTQ の人たちを支援する団体。情報発信やワークショップを行うほか、LGBTに関する手話を開発しています。

NPO 法人 LGBT の家族と友人をつなぐ会

http://lgbt-family.or.jp/
セクシュアル・マイノリティの家族や友人などによる会。偏見や差別をなくすために、自治体に働きかけたり、当事者や家族、友人のサポート活動を行っています。

房、2017年
『ミドリのミ』吉川トリコ、講談社文庫、2017年
『ぼくを燃やす炎』マイク・ライトウッド、サウザン・ブックス、2018年

●レズビアン

『九時の月』デボラ・エリス、さ・え・ら書房、2017年
『完璧じゃない、あたしたち』王谷晶、ポプラ社、2018年

マンガ

『ぼくたちLGBT』トミムラコタ、集英社
『弟の夫』全4巻、田亀源五郎、双葉社
『青い花』全8巻、志村貴子、太田出版
『放浪息子』全15巻、志村貴子、エンターブレイン
『ぼくらのへんたい』全10巻、ふみふみこ、徳間書店
『きのう何食べた?』よしながふみ、講談社

絵本

『くまのトーマスはおんなのこ』ジェシカ・ウォルトンほか、ポット出版プラス、2016年
『ピンクがすきってきめないで』ナタリー・オンスほか、講談社、2010年
『イリスのたんじょうび』がりーどちえこ、文芸社、2016年
『りつとにじのたね』ながみつまきほか、リーブル出版、2017年
『王さまと王さま』リンダ・ハーンほか、ポット出版、2015年
『たまごちゃん、たびにでる』フランチェスカ・パルディほか、イタリア会館出版部、2013年
『いろいろ いろんな かぞくのほん』メアリ・ホフマンほか、少年写真新聞社、2018年
『タンタンタンゴはパパふたり』ジャスティン・リチャードソンほか、ポット出版、2008年

映画

『パレードへようこそ』(原題:Pride) マシュー・ウォーチャス監督、イギリス、2014年
『ミルク』(原題:MILK) ガス・ヴァン・サント監督、アメリカ、2008年
『アバウト・レイ』(原題:3 Generations) ゲイビー・デラル監督、アメリカ、2015年
『ハッシュ!』橋口亮輔監督、2001年
『チョコレートドーナツ』(原題:Any Day Now) トラヴィス・ファイン監督、アメリカ、2012年
『リリーのすべて』(原題:The Danish Girl) トム・フーバー監督、アメリカ・イギリス・ドイツ、2015年
『シングルマン』(原題:A Single Man) トム・フォード監督、アメリカ、2009年
『キャロル』(原題:Carol) トッド・ヘインズ監督、アメリカ・イギリス、2015年
『ナチュラルウーマン』(原題:Una mujer fantástica) セバスティアン・レリオ監督、チリ、2017年

おすすめの本・マンガ・映画

本

●もっと知りたい人のために

『「ふつう」ってなんだ？　LGBTについて知る本』NPO法人ReBit監修、学研プラス、2018年

『セクシュアル・マイノリティQ&A』LGBT支援法律家ネットワーク出版プロジェクト、弘文堂、2016年

『先生と親のためのLGBTガイド　もしあなたがカミングアウトされたなら』遠藤まめた、合同出版、2016年

『思春期サバイバル　10代の時って考えることが多くなる気がするわけ。』ここから探検隊、はるか書房、2013年

『思春期サバイバル2　10代のモヤモヤに答えてみた。』ここから探検隊、はるか書房、2016年

『はなそうよ！　恋とエッチ——みつけよう！　からだときもち』すぎむらなおみ＋えすけん、生活書院、2014年

『増補改訂版 プロブレムQ&A 性同一性障害って何？』野宮亜紀ほか、緑風出版、2011年

『もっと知りたい！　話したい！　セクシュアルマイノリティ　ありのままのきみがいい』全3巻、日高庸晴、汐文社、2015〜2016年

『LGBTってなんだろう？　からだの性・こころの性・好きになる性』薬師実芳ほか、合同出版、2014年

『いろいろな性、いろいろな生きかた』全3巻、渡辺大輔監修、ポプラ社、2016年

●セクシュアル・マイノリティ当事者のエッセイ

『変えてゆく勇気　「性同一性障害」の私から』上川あや、岩波新書、2007年

『明るいトランスジェンダー生活』佐倉智美、トランスビュー、2004年

『ダブルハッピネス』杉山文野、講談社文庫、2009年

『カミングアウト』砂川秀樹、朝日新書、2018年

『百合のリアル』牧村朝子、星海社新書、2013年

『同性婚　私たち弁護士夫夫（ふうふ）です』南和行、祥伝社新書、2015年

『恋の相手は女の子』室井舞花、岩波ジュニア新書、2016年

小説・ノンフィクション

●ジェンダー・性別違和・トランスジェンダー

『彼らが本気で編むときは』荻上直子、百瀬しのぶ、パルコ、2017年

『パンツ・プロジェクト』キャット・クラーク、あすなろ書房、2017年

『トランペット』ジャッキー・ケイ、岩波書店、2016年

『ハコブネ』村田沙耶香、集英社文庫、2016年

●ゲイ

『誓います　結婚できない僕と彼氏が学んだ結婚の意味』ダン・サヴェージ、みすず書

渡辺大輔《わたなべだいすけ》

1973年生まれ。教育学博士。埼玉大学基盤教育研究センター准教授。

一般社団法人“人間と性”教育研究協議会幹事。

専門はセクシュアリティ教育。

講義、講演、執筆のほか、中学校や高校の先生との授業づくりなどを通して、性の多様性について、学校でどのように教えたらよいかに取り組んでいる。

監修書に『いろいろな性、いろいろな生きかた』(全3巻、ポプラ社)、共著に『思春期サバイバル』(はるか書房)、共編著に『セクシュアルマイノリティをめぐる学校教育と支援 増補版』(開成出版)、共訳書に『国際セクシュアリティ教育ガイダンス』(明石書店)など。

中学生の質問箱
性の多様性ってなんだろう？

発行日　2018年6月20日　初版第1刷
　　　　2022年4月15日　初版第3刷

著　者　渡辺大輔
構　成　阿部花恵
発行者　下中美都
発行所　株式会社平凡社
〒101-0051 東京都千代田区神田神保町3-29
電話 03-3230-6583(編集)
03-3230-6573(営業)
振替 00180-0-29639
平凡社ホームページ https://www.heibonsha.co.jp/

装幀+本文デザイン　坂川事務所
DTP　株式会社言語社
イラスト　ニシ工芸株式会社
印刷・製本　中央精版印刷株式会社

ISBN978-4-582-83780-3
NDC分類番号367.9　四六判(18.8cm)　総ページ224
乱丁・落丁本のお取替えは直接小社読者サービス係までお送りください(送料は小社で負担します)。